学术汉语研究丛书
Academic Chinese Studies Series

学术汉语写作及教材研究

高增霞 孔凡娣 栗 硕 刘福英 吴 昊 游倩倩◎著

暨南大学出版社
JINAN UNIVERSITY PRESS

中国·广州

图书在版编目（CIP）数据

学术汉语写作及教材研究/高增霞等著. —广州：暨南大学出版社，2024.6
（学术汉语研究丛书）
ISBN 978-7-5668-3730-1

Ⅰ.①学… Ⅱ.①高… Ⅲ.①汉语—写作—教材—研究 Ⅳ.①H15

中国国家版本馆 CIP 数据核字（2023）第 096119 号

学术汉语写作及教材研究
XUESHU HANYU XIEZUO JI JIAOCAI YANJIU

著 者：高增霞 孔凡娣 栗 硕 刘福英 吴 昊 游倩倩

出 版 人：阳 翼
策划编辑：姚晓莉
责任编辑：苏 洁 王熳丽
责任校对：刘舜怡 黄亦秋
责任印制：周一丹 郑玉婷

出版发行：暨南大学出版社（511434）
电 话：总编室（8620）31105261
　　　　　营销部（8620）37331682 37331689
传 真：（8620）31105289（办公室） 37331684（营销部）
网 址：http：//www.jnupress.com
排 版：广州市广知园教育科技有限公司
印 刷：广东信源文化科技有限公司
开 本：787mm×960mm 1/16
印 张：11.5
字 数：210 千
版 次：2024 年 6 月第 1 版
印 次：2024 年 6 月第 1 次
定 价：49.80 元

序

21 世纪以来的 20 多年，世界范围内基础汉语教学的规模不断扩大，中高级汉语学习者的占比也水涨船高。与此同时，来华学习各类专业的学历生数量快速增长，已占到在华国际生的半壁江山，且增势不减。高端汉语教学课程设置与教材编写研究已成为新时代对外汉语教学学科建设的重点，大力加强包括学术汉语在内的高端汉语教学理论与实践的研究，既是学科发展的需要，更是满足来华国际生汉语学习和应用的需要。在此背景下，近年来，业界一些学者在学术汉语教学与研究中做出了可喜的贡献，高增霞副教授就是其中的代表。

高老师多年从事留学生汉语言专业本科生和相关专业硕博研究生"文献阅读与写作""高级写作"等课程教学，积累了丰富的教学经验，近年来发表《论学术汉语在对外汉语教学中的重要性》（2016）、《学术汉语写作教材建设刍议》（2018）、《留学生研究生汉语学术论文写作需求及能力调查》（2020）等多篇学术汉语研究成果，出版《高级汉语写作：论文写作》（2019）教材。其中，《论学术汉语在对外汉语教学中的重要性》因具有前沿性和前瞻性、针对性和导向性价值，而被选入赵金铭先生总主编的"商务馆对外汉语教学专题研究书系"第二辑，即《汉语作为第二语言教学的学科理论研究》第四章"学科理论问题研究：新视角与新进展"中（商务印书馆，2019）。可以说，高老师在学术汉语教学与研究方面已然走在了前面。然而，高老师并没有止步于现有的研究成果，她本人或合作或指导研究生对学术汉语进行了更加广泛和深入的研究。《学术汉语写作及教材研究》《汉语学术语篇及教学研究》两部专著，就是近年来高老师和她的研究生团队在学术汉语研究方面的最新成果。

《学术汉语写作及教材研究》一书，重在探讨学术汉语写作教材"怎么编"的问题。书中对学术汉语的概念进行了界定和阐释，并论述了学术汉语在专门用途汉语教学体系中的重要地位，强调了加强学术汉语写作教学研究的重要性，为学术汉语的进一步研究奠定了基础、展示了空间。书中重点对来华国际生学术汉语学习需求和写作能力进行了广泛的调查与研究，如论文写作中遇到的困难和出现的问题、论证语篇中的偏误等，相关考察分析及得出的结论和提出的观点，不仅多方面加深了对学术汉语教学与学习者应用现状的了解，而且拓展和深化了学术汉语研究的广深程度。在此基础上，对学术汉语写作教材进行了创新设计，并据此编写了汉语论文写作教材，进一步应用、验证和深化了学术汉语考察分析及理论研究的成果。教材编写实践的总结表明，学术汉语写作教材编写包括写作技能、论文规范、科研程序和表达手段四个维度，并以科研过程为顺序，论文各部分写作为主体，辅以写作技能、表达手段和写作规范的训练。这种学术汉语写作教材编写模式，源于教学实践经验，酝酿于相关的学术研究，形成于对教材编写实践的理论反思，因而具有较高的原创性和应用价值。

《汉语学术语篇及教学研究》一书，着重对汉语学术语篇进行文本分析，归纳其中的微观结构特征，探讨学术汉语教学的相关问题。书中对学术语篇和学术语篇教学的定义、研究现状进行了系统性梳理。学术语篇自20世纪70年代兴起便与第二语言教学密不可分，其研究直接服务于二语教学。国内英语教学界在2013年前后开始讨论以学术英语为导向的教学改革，并产生了新的英语教学大纲，相关讨论和研究成果可以为学术汉语教学研究提供启发与借鉴。事实上，不仅与对外汉语教学密切相关的汉语言专业需要加强学术汉语的教学和研究，在华高校学习人文社会科学和理工农林医等专业的学历生，亦应加强专门用途学术汉语的教学与研究，以提升其专业学术论文写作能力。本书的主要章节分别对汉语言等人文社会科学专业学术语篇中的通用学术语块、外壳名词、动词性据素、模糊限制语、摘要写作等进行了个案研究，考察和分析相关的结构特征及使用规则，探讨汉语学术写作教学"教什么"和"怎么教"的问题。显然，其中的绝大多数章节都是业界的"首次探讨""率先开垦"，其整体创新价值和导向意义显而易见，其具体分析及相关结论与观点的学术和应用价值不言而喻。

这两部专著的主旨和内容不同，但相互映衬、相互关联，有"1+1>2"之功效。其共同特点和贡献是：立论基础坚实，理论分析与教学实践紧密结合，母语者与二语者相关对比相结合，考察分析与创新设计相结合；学术视野开阔，虽着眼于汉语二语的学术汉语，但充分吸收和借鉴汉语本体及国际二语界和国内英语界的相关研究成果；创新价值明显，不仅拓展了专门用途汉语研究的领域，弥补了学术汉语研究相对滞后的不足，而且后来居上，将学术汉语的研究集成性地推向了新的高度；深化学科研究，不仅拓展和深化了专门用途汉语教学研究的领域，也成为对外汉语教学乃至整个国际中文教育向高端汉语教学研究"转型"的代表性成果。当然，这些特点和贡献不意味着两部专著十全十美，其可商与可完善之处在所难免，但对学术汉语所进行的探索性和系统性、创新性和导向性的研究，无疑更是其价值所在。

由衷祝贺高老师主持和指导完成的这两部学术专著的出版，更为高老师在汉语本体和对外汉语教学研究中所取得的更多的学术成就而感到与有荣焉。高老师谦虚低调、不善交际，但学术视野宽阔、学术功底深厚、学术眼光敏锐。她在《中国语文》《世界汉语教学》《语文研究》《汉语学习》等专业期刊及学报中发表了数十篇学术论文，出版了多部学术专著和教材。她在现代汉语连动式研究方面发表了多篇论文，出版了《现代汉语连动式的语法化视角》（2006）和《类型学视野下的汉语连动式研究》（2020）两部专著，代表了国内连动式研究的学术水平。

我与高老师有20年同行同事之谊。她嘱我写序，实属抬举我，我虽不能不识抬举，但对学术汉语完全没有研究，说不到点子上亦实属自然。恳请高老师和各位作者及读者谅解。

李泉

2023 年 8 月 16 日于中国人民大学人文楼工作室

目　录
Contents

第1章 学术汉语及学术汉语写作教学

1.1 学术汉语的性质和地位[①]

对外汉语教学事业自诞生以来，日新月异。学界对对外汉语教学的性质、目标等问题的认识也在不断调整、变化。近年来，随着学历生数量的急剧增加，来华留学生当中的高水平汉语学习者越来越多，他们选择汉语作为学术研究的工具，这给对外汉语教学带来了新问题、新挑战。新的发展形势对对外汉语教学领域中加强学术汉语的教学工作提出了新的挑战。

1.1.1 什么是学术汉语

"学术汉语"是借鉴 ESP（English for Special Purposes，专门用途英语）理论创造的一个术语，初次见于单韵鸣（2008）的研究。ESP 理论是根据学生的学习需求类型和学习内容为外语教学建立的一个体系。这一理论在 20 世纪 80 年代被引进汉语教学领域（张黎，2013），并在其后被学界广为接受。而在国内的英语教学界，此理论成为当前新一轮教学改革的理论支柱，学术英语被很多高校认定为大学英语的教学内容。根据蔡基刚、廖雷朝（2010）的研究，英语作为外语的教学体系可简单图示为：

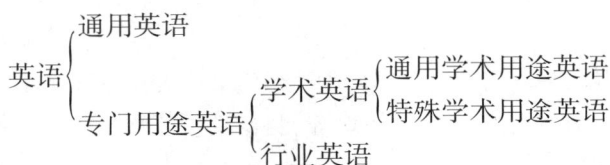

$$
\text{英语} \begin{cases} \text{通用英语} \\ \text{专门用途英语} \begin{cases} \text{学术英语} \begin{cases} \text{通用学术用途英语} \\ \text{特殊学术用途英语} \end{cases} \\ \text{行业英语} \end{cases} \end{cases}
$$

[①] 本节内容曾以《论学术汉语在对外汉语教学中的重要性》为题发表在《云南师范大学学报（对外汉语教学与研究版）》2016 年第 2 期。

通用英语是日常生活、工作中使用的英语；专门用途英语是指与某种特定职业、学科、目的相关的英语。学术英语是一种以应用为目的的语言教学，是为大学生在大学阶段用英语从事自己的专业学习和学术活动提供语言支撑的英语门类。在与科学研究有关的英语类型中，通用学术用途英语侧重各学科英语中的共性东西，即培养学生在专业学习中所需要的学术英语口语和书面交流能力，例如听英语讲座、用英语记笔记、查找文献、撰写论文及参加国际会议、进行学术交流等；特殊学术用途英语侧重特定学科（如医学、法律、工程等学科）的语篇体裁以及工作场所需要的英语交流能力。前者适合所有专业的具有共性的学术能力的教学，后者适合具有具体专业特点的英语及其技能的教学（蔡基刚，2012）。

借鉴英语教学体系，李泉（2011）设立了汉语作为外语的教学体系，尤其是阐述了专门用途汉语的门类。李泉（2011）认为专门用途汉语包括一般所说的专业汉语，同时也包括与跨文化语言生活、语言交际密切相关的"业务汉语""工作汉语"（如旅游汉语），但没有提到"学术汉语"。单韵鸣（2008）在讨论科技汉语课程的设置问题时提到了"学术汉语"："一般的普通汉语进修课程为通用汉语，科技汉语、商务汉语等就是专门用途汉语。其中，科技汉语又属于专门用途汉语学术汉语类目下的一个分支。"但他也没有对学术汉语做出解释。

借鉴"学术英语"的内涵，我们把"学术汉语"的内涵界定为：训练学生运用汉语从事专业学习和学术活动的汉语教学。其在汉语教学中的地位为：

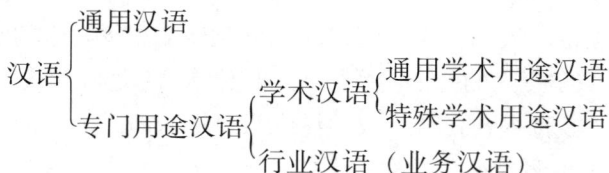

```
        ┌ 通用汉语
        │                   ┌ 学术汉语 ┌ 通用学术用途汉语
汉语 ┤                   │          └ 特殊学术用途汉语
        └ 专门用途汉语 ┤
                            └ 行业汉语（业务汉语）
```

学术汉语教学是为专业学习服务，通用学术用途汉语教学指的是各学科通用的汉语教学，而特殊学术用途汉语教学指的是各个专业领域的汉语教学，也就是我们通常说的"专业汉语"。

在对留学生学历教育的培养目标中，学术汉语能力已经是培养目标之一，如《高等学校外国留学生汉语言专业教学大纲》"培养目标"之四为：掌握文献检索、资料查询的基本方法，具有初步的科学研究与实际工作能力。但在教学实践及研究上，学术汉语还没有引起足够的重视。我们认为，现在是时候提出并加强对学术汉语教学的重视及研究了。

1.1.2　为什么要加强学术汉语教学

1.1.2.1　加强学术汉语教学是对外汉语教学新形势的要求

新时期对外汉语教学面临的新挑战是：学历生数量激增，高水平汉语学习需求旺盛。这一形式要求对外汉语教学应该加强对学生学术汉语能力的培养。

根据中国高等教育学会外国留学生教育管理分会（CAFSA）发布的全国来华留学生统计报告①，自 2008 年以来，来华留学生中的学历生持续迅猛增长，并一直保持高于来华留学生总人数增幅的态势，如表 1-1 所示②：

表 1-1　2008—2013 年来华留学生数量及组成

年份	来华留学生		学历生			本科生	硕士生	博士生
	总人数	同比增幅	人数	占比	同比增幅			
2008	223 499	14.32%	80 005	35.80%	17.29%	65 724 (82.15%)	10 373 (12.97%)	3 908 (4.88%)
2009	238 184	6.57%	93 450	39.23%	16.81%	74 472 (79.69%)	18 978 (20.31%)	
2010	265 090	11.30%	107 432	40.53%	14.96%	81 388 (75.76%)	19 040 (17.72%)	5 826 (5.42%)
2011	292 611	10.38%	118 837	40.61%	10.62%	88 461 (74.44%)	23 453 (19.74%)	6 923 (5.83%)
2012	328 330	12.21%	133 509	40.66%	12.35%	97 449 (72.99%)	27 757 (20.79%)	8 303 (6.22%)
2013	356 499	8.58%	147 890	41.48%	10.77%			

从表 1-1 可以看出，近年来学历生人数逐年激增，每年增幅都高于来华留学生总人数增幅。而在具体构成上表现出来的另一个趋势是硕博士研究生的人数也呈逐年快速增长的态势，至 2012 年硕士研究生在学历生中占到近 21%，博士研究生占比也超过 6%。同时我们也注意到，来华接受学历教育的留学生，尤其是本科生，在年龄上也出现新特点。一方面越来越多的本科生属于正常升学，没有

---

① http://www.cafsa.org.cn/research/show-198.html.
② 表中数据根据 cafsa 在其网站发布的简报整理而成，有些数据是据简报公布的数据计算而来。

工作经历，也缺乏社会阅历，其心智还不够成熟。而另一方面，他们的汉语水平越来越高。例如中国人民大学 2016 年留学生入学考试的考试大纲指出，留学生进入中国人民大学学习，需要通过语文、英语、数学三科考试，其中语文考试"以北京市普通中学初中、高中语文课本及相关课外材料为考试范围"①。以其 2014 级汉语言专业留学生来说，一个班有 32 名学生，从小学开始就在中国读书的学生有 3 个，从中学开始在中国读书的学生有 7 个，这些学生一般都获得了 HSK 6 级证书，在中国早已经过了生活、学习上的语言关。这样一个相当大的群体，使得汉语学习的需求呈现出新特点。

根据鲁洲（2014）的调查，留学生在专业学习中遇到的困难依次为：使用汉语、适应学术要求、理解课程的内容、适应中国文化、财务问题。可见，来华留学生对汉语教学的需求也转向了解决与专业学习有关的学术汉语方面的问题。具体说来，学历生在学习中遇到的困难主要集中在两个地方：第一是进课堂听课难的问题，第二是学术论文写作难的问题。

根据单韵鸣、安然（2009）的调查，进入理工科学习（本科）的来华留学生，入学时汉语水平一般要求在 HSK 3 级以上，这一汉语水平的留学生进入专业课堂学习时，存在着很大的语言困难，如何顺利衔接是一个迫切需要解决的问题。其实，这一难题不仅理工科留学生存在，汉语言专业留学生亦然。近年来开始接受培养的汉语国际教育专业硕士（即"国际汉硕"），其水平更是参差不齐，大多数人也同样存在汉语水平不足，无法听懂专业课的问题。张桂宾（2014）指出留学生在进入专业课堂学习时出现的语言障碍主要表现为"能说不能听"，即可以进行生活上的交流，但是听课、看板书、回答问题等都有问题。其原因主要是专业词汇掌握得太少，对科技语言的句法结构不熟悉。另外，即使学生的汉语水平已经达到 HSK 6 级，他们的专业学习也仍旧存在障碍，因为他们一直学习的都是生活汉语、通用汉语，没有专业词汇、专业语法的预备，一旦进入专业学习，就困难重重。

除了进课堂听课的问题之外，接受学历教育的留学生还面临学术论文写作的问题。本科阶段，毕业论文是培养方案要求的重要内容，也是本科学生毕业即学士学位资格认证的重要依据。根据培养方案，几乎所有的高校都要求本科生在毕业的时候写出一篇合格的毕业论文，留学生也不例外。例如，大连理工大学汉语言本科专业的培养计划包括：掌握文献检索、资料查询的基本方法，具备初步的科学研究与实际工作能力；完成语言教学实践活动规定的任务内容；用汉语完成

---

① http://iso.ruc.edu.cn/more.php?cid=29.

毕业论文。（徐丹，2014）再如，首都师范大学国际文化学院现代汉语专业本科生培养方案（试行）规定，留学生必须在三年级下学期撰写学年论文（6 学分），在四年级下学期提交毕业论文（10 学分）。毕业论文（设计）原则上以中文撰写，字数为 8 000 字左右。①

至于研究生阶段，除了毕业论文，有些学校还要求完成一定数量的论文发表任务，否则不允许毕业论文答辩。而这种规定，对留学生是一视同仁的。这就使得有些留学生因为不重视或者忽视这些规定而不能正常毕业（鲁洲，2014）。

综上，来华接受教育的留学生需要有一定的学术研究能力，需要掌握用汉语进行专业学习、查找文献、撰写学术论文的能力，这就迫切需要高校及对外汉语教学加强对留学生学术汉语能力的培养和提高。

1.1.2.2　加强学术汉语教学是提高留学生学历教育质量的要求

目前高校对于提高留学生的学术汉语能力并没有足够的重视，但重视学术汉语教学是提高留学生学历教育的必要举措。

学术汉语属于专门用途汉语。服务特殊目的的对外汉语教学被称为专门用途汉语（李泉，2011）。在这个名称出现之前，我国的专门用途汉语教学实际上从20 世纪 50 年代就开始了（张黎，2013），但是，"总体上并没有受到应有的重视，亦没有获得应有的发展，更谈不上与通用汉语教学并驾齐驱"（李泉，2011），而与专业学习有关的学术汉语教学更是没有得到应有的重视。

（1）高校管理模式现状。

对于来华接受学历教育的留学生，高校采取的管理模式有三种：一是"趋同管理"模式（刘猛、姜有顺，2014），留学生与国内学生统一对待，混同教学；二是"区别管理"模式，留学生单独设班，或采取全英文授课管理模式（郭荣，2014），或采取汉语授课模式，还有相当学校采取两种模式结合的形式，如河北医科大学在 1994—2014 年十年间，对所有外国留学生均采用汉语为教学语言，外国留学生与中国学生在同一班级进行学习，但入门阶段对外国留学生单独编班进行教学（房家毅、赵梅赏、杜瑾，2010）。直接进班学习对留学生来说无疑是一个极大的挑战，虽然他们获得了至少 HSK 3 级的证书，但是直接进入课堂学习专业知识，难度还是很大的。这主要是因为他们掌握的汉语基本属于生活汉语，不能与专业学习很好地衔接起来。而单独编班尽管可以减轻留学生的学习难度，但是弊端也是显而易见的，即留学生的汉语水平不能很快提高。在本次研究中我们访谈的一位中国人民大学汉语言专业的留学生就抱怨，因为不能跟中国学生一

① http://www.ciecnu.cn/red/Chinese_teaching.aspx?namefrme=62.

起听课，他的汉语水平不但没有提高，反而降低了。另外还有一种"1+4"模式，也就是在正式入院系学习之前有 1 年的预科教育（郭伏良、王丽霞、涂佳楠，2014）。预科教育常常有两方面的内容：一是基础汉语教学，解决学生的生活汉语问题；二是必要的专业汉语教学，解决学生顺利衔接到专业学习的语言问题（张桂宾，2014）。但是实际上预科教育在专业学习方面帮助并不是很大，主要原因是专业汉语课程设置和教材方面存在欠缺和不足。

（2）专业汉语课程与教材现状。

为了降低留学生的学习难度，很多高校会为留学生设置专业汉语课或采用全英文授课的方式。后者我们不在此讨论。就前者而言，目前的专业汉语课并不能很好地解决留学生的衔接问题。

首先，专业汉语的课程设置整体情况并不乐观。单韵鸣、安然（2009）调查了全国 20 所理工科院校设置"科技汉语"课程的情况，结果有 9 所没有开设，占 45%；有 6 所正在开设，占 30%；有 4 所曾经开设，占 20%；有 1 所考虑开设，占 5%。也就是说，当年为留学生提供专业汉语预备学习的只有三成，而七成高校没有为接受学历教育的留学生提供专业汉语教育。这种情况至今并无太大改观。

其次，专业汉语课程内容不够理想。这主要是教材问题。没有合适的专门教材是当前专业汉语课程的最大问题。通用专业汉语教材的编写才刚刚起步。其实，自 20 世纪 60 年代，与专业课堂衔接的问题已经引起了学界的关注，如今，一批通用专业汉语教材也已出版，例如：北京大学出版社出版的徐晶凝主编的《高级汉语教程》（2014）是专为汉语国际教育专业硕士留学生编写的衔接教材，根据其教材说明，此教材"也可以作为面向中文系本科的预科专业汉语教材使用"，服务于汉语言专业及汉语言文学专业的留学生。而北京语言大学出版社出版的"来华留学生专业汉语学习丛书·科技汉语系列"是"为理工类来华留学生在预科阶段学习而编写的专门汉语教材。它是普通汉语课程和数理化专业课程之间的桥梁和纽带"。中国水利水电出版社 2012 年出版的《电力科技汉语阅读教程》，是"专门为具有中级汉语水平、即将进入电力等相关专业学习的外国学历本科生准备的"。近 30 年来，针对专业汉语课程的教材已经开始起步，但是发展较慢，数量偏少，远远不能满足教学的需求（张莹，2014），一些院校就只好把汉语教材简单翻译为英语教材使用（房家毅、赵梅赏、杜瑾，2010）。以上原因使得目前高校在如何使来华留学的学历生顺利衔接到专业学习方面还有进一步改善的空间。

（3）论文写作、课程与指导现状。

对于留学生在毕业论文撰写中遇到的困难，已经有学者注意到了，如武柏索（1993），王晓澎、方玲（1994），仇鑫奕（2009），谷祖莎（2014）都分析了留学生毕业论文写作中出现的各种问题，金宁（1998），岑玉珍（2003），幺书君（2005），亓华（2006），张明辉、赵黎明（2011），付丽（2011），陈淑梅（2012），王颖、李振阳（2013）分别对留学生毕业论文中的教师指导、写作课教学等方面进行了探讨和呼吁。但这些研究与该问题的存在时间、重要性以及其他写作问题的研究相比还是很不够的。据罗青松（2011）统计，当时，关于对外汉语写作教学的研究已有论文 80 篇左右，学位论文 3 篇，专著 2 部，与这一数字相比，上述关于毕业论文问题的 12 篇文章只能说是刚刚起步。

留学生在毕业论文写作上出现的问题主要有：①语言障碍。武柏索（1993）指出：语言障碍仍然是留学生撰写毕业论文时存在的主要问题。②不熟悉汉语文献与写作规则。例如访谈中一位留学生谈道："我本科是在泰国学习的汉语，大三的时候给我们开设的论文指导课对我帮助非常大，它教会了我如何写一篇完整的论文。但是来中国以后，关于怎么搜集文献，比如在中国查文献大家都用中国知网，但是在泰国不是这样的，每个国家的情况不太一样，还有论文的格式也不同，但是这些不同来到中国后没有老师告诉我们，我们只能在用到的时候找同一个国籍的师兄师姐咨询。"金兰在《北大汉语中心韩国硕士生论文述评》一文中也提到了留学生在论文选题、研究方法、探讨问题的深度及行文规范性等方面的问题："有些论文对所研究的问题既没有谈及前人对该问题的论述，也分不清哪些是他人的研究成果，哪些是自己的观点。"这些问题表现出一些硕士留学生对论文写作基本规则了解很少，更谈不上遵循。研究生尚且如此，本科生写作状况可想而知。③科研能力不够。幺书君（2005）在分析韩国本科留学生论文写作问题时指出，一些韩国本科生在"如何思考问题，分析问题，从而形成独立的见解"方面存在很大问题，他们没有观察、思考的习惯，对身边的事物、生活的环境、周围的人在想什么、为什么会这样想，几乎漠不关心，"缺乏文体知识，缺乏论文思维"。如果不注意对留学生科研能力的培养，即使留学生汉语水平足够高，也写不出规范的汉语学术论文。而中国学生从小学到初中再到高中都在接受观察、思考能力的培养及强化训练，到大学阶段仍然会有相关的课程培养科研能力，对于留学生而言，更应该注意其科研能力的培养。但具体到课程设置上，这方面的训练还存在很多问题。

在留学生的论文指导上，高校的一般做法是设置写作课和配备论文指导教师两种。但是，专门的论文写作课只有很少的学校开设。在本科教育方面，陈淑梅

（2012）指出："一般在指导留学生毕业论文方面，各校普遍的做法是将留学生分配给老师单独指导，有的学校会开一两次相关的讲座。近年来，一些学校陆续开始为本科阶段的留学生开设毕业论文写作指导课程，如中国人民大学、上海交通大学、浙江大学、吉林大学、上海师范大学、广西师范大学、华南师范大学、中山大学等，而很多学校则没有开设这门课。显然，在该课程的必要性方面，对外汉语教学领域尚缺乏共识，国家汉办《高等学校外国留学生汉语言专业教学大纲》中也并没有该课程的设置。"在研究生阶段，我们调查了中国人民大学各学院研究生课程中与学术相关的课程情况（见表1-2）。可以看到，外国语学院会给学习外语的中国学生开设论文写作课，理学院、环境学院和马克思主义学院等也会给中国学生开设专门的论文指导课程，但文学院并没有给留学生开设论文指导课。这反映了一个普遍现象：高校常常忽视对留学生论文写作的指导。

表1-2　中国人民大学研究生阶段论文指导课程设置情况

学院	课程	教学内容及目标
外国语学院	俄语论文写作	课程系统介绍俄语论文写作的全过程。包括论文选题技巧、写作方案制订、语言材料精选、写作方法、前言、结论，以及摘要的写作规范、答辩程序与准备
	日语写作	本课程首先使学生系统地把握论文写作的一般规律和技巧，在此基础上，通过阅读论文进一步掌握论文的写作方法，形成一定的研究素养，提高日语写作水平
理学院	前言学术讲座论坛	由各研究小组指导教师指导学生就最新学术前沿研究成果进行讨论
环境学院	专业文献研究	本专业经典文献与最新文献的检索、获取、阅读、分析、综述
马克思主义学院	社会科学研究与学术论文写作方法	帮助硕士生了解社会科学研究领域治学的一般规律，掌握治学的基本理念和方法，并为其撰写学术论文提供具体指导
	专业英语	本课程采取文献研读方式，选取与专业相关的文本进行研读，帮助学生提高专业外语水平，熟悉海外学者的研究思路和表达方式，掌握专业著作、文章的论证逻辑和写作方法

综上，接受学历教育的留学生在从通用汉语、生活汉语转到专业学习的过程中存在衔接困难。在专业学习过程中存在撰写学术论文的困难；而很多高校在课程设置和重视程度上做得还不够，对外汉语界在相关内容的研究和教学实践上也还存在不足。要想进一步提高学历教育的教学质量，完成新时期新形势下的培养目标，就必须重视并加强学术汉语教学。

1.1.3　如何加强学术汉语教学

1.1.3.1　形成重视学术汉语教学的意识和氛围

首先，要在意识上重视学术汉语的教学。要区分留学生的学历教育和短期汉语进修学习。当前，本科生和进修班的高级班使用同样的汉语教材、设置同样的课程是很多学校通行的做法。一些教材也在使用说明中指出，该教材的特点是适合本科生和短期进修生使用。这些都说明当前对外汉语教学界还没有注意到留学生近些年来的新特点和新需求，还没有把学历教育同短期速成汉语教学区分开来。我们认为，学术汉语教育是区分汉语学历教育和非学历教育的一个重要分水岭，留学生的汉语学历教育应该突出本科阶段专业素养的培养和训练。

其次，要形成重视学术汉语教学的氛围。无论是学校还是教师，都应该将提高学生运用汉语进行科学研究的能力作为教学目标并为之努力。但是一些学校对留学生的论文写作和评判疏于管理。在资料调查过程中，我们对一些留学生和论文指导教师进行了访谈。在访谈过程中我们发现，留学生在论文写作过程中请中国学生代笔或者修改润色、抄袭或者大量摘抄材料的现象非常严重。由于学校对留学生毕业论文把关不严，导致毕业论文质量下降，而留学生对毕业论文的态度也因此更不认真，形成恶性循环。如果放任这种情形持续下去，必然会影响中国高校在国际上的声誉。

1.1.3.2　及时设置相应的课程并加强相关课程研究

我们认为，学术汉语教学应该从本科学习之前的高级汉语阶段开始，并延伸到研究生教育阶段。初、中级之后，学生已经掌握了基本的生活汉语，高级阶段除继续培养学生用汉语进行交际的能力之外，在后期要引入学术汉语（主要是通用学术用途汉语）的教学，学习一些基本的专业词汇和基本的句法结构，以便有意接受学历教育的学习者顺利衔接到专业学习阶段，以及有意愿进行研究的学习者顺利进入专业研究阶段。在本科阶段的后期及研究生阶段，学术汉语教学主要是服务于学术论文写作，培养学生用汉语进行学术研究的能力和素养，以帮助留学生顺利进行汉语论文写作。

因此，在面向留学生的本科教育阶段和研究生教育阶段，必须加强学术汉语教学，尤其是通用学术用途汉语教学。在课程设置上，学术汉语课程主要包括两部分：

一是专业课的过渡性课程。这种课程是为了使留学生进入专业学习之前掌握一些基本的专业词汇和专业基础知识，以及用汉语学习专业课程的技能，相当于目前一些高校开设的预科课程中的专业汉语课。

二是提高运用汉语进行研究的学术能力的课程。这种课程的教学内容包括三个方面：

第一，传授用汉语进行学术写作的学术规范知识。尽管科学研究是不分国界的，中国的科研也正在与世界接轨，但是具体到细节上，比如标点符号等，还是有差别的。留学生所接受的有关科研的既有知识可能并不与汉语相同，因此这些知识是需要传授的。

第二，训练用汉语进行学术研究的方法，包括搜集资料的方法、进行研究的方法、写作的方法等。一些基本的科研方法，比如比较法、调查法等，不仅要知道，还要掌握，以形成科研意识。

第三，培养运用汉语提出问题、解决问题的批判性思维能力。现在很多留学生还处于心智成长期，需要进行逻辑思维能力的培养，尤其是用汉语进行思考的能力的培养。

通过以上内容的教学，可以训练留学生组织写作材料的能力，使其掌握文献检索、资料查询的基本方法，具备初步的科学研究与实际工作能力。

幺书君（2005）提到，由于学制和培养方案不同，韩国本科生在进入本科之前并没有接受和中国学生一样的提高逻辑思维能力的训练，也缺乏中国学生在中小学阶段的写作强化训练。因此，很多留学生缺乏汉语写作的基础知识和基本能力，也造成了其毕业论文写作和指导上的困难。其实，不仅韩国留学生如此，其他国家的留学生也有同样的问题，由于培养模式不同，他们和中国学生在汉语写作及科研能力、思维方式上都有区别，或者说有一定差距，而现在高校中所采用的无论是"趋同模式"还是"区别模式"，都没有关注这个方面。而学术汉语课程的设置就应该把目标定在弥补这些差距上，使得来华留学生逐渐具有运用汉语进行研究的学术素养。

1.1.3.3 做好教材研究开发工作

具备运用汉语进行学术研究的能力不是一蹴而就的，必须经过相当一个阶段的学习和训练。这就要求学校在课程设置上要合理规划，针对不同水平、不同需求的留学生设置相应的课程、编撰合适的教材。可喜的是，目前面向学术汉语的教材研发工作已经开始，在此基础上，我们可以借鉴英语等外语界的做法，做好面向留学生的需求调查，进一步解决好"教什么""怎么教"的问题。

1.1.4 小结

李泉（2011）指出："专门用途外语教学及其研究状况，是衡量一种语言作为外语教学成熟与否的重要标准。在汉语加快走向世界的过程中，无论是基于现状还是展望未来，作为汉语的母语国都应大力推进专门用途汉语教学的发展，以满足学习者对汉语应用的多元化需求。"学术汉语是专门用途汉语的一个重要组成部分，在来华留学生汉语水平、学历需求不断提高的情况下，高校应该重视学术汉语课程的设置，对外汉语界应该重视学术汉语的研究和教材开发，以满足留学生运用汉语进行专业学习和论文写作的需求。

1.2　相关研究综述

1.2.1　关于留学生毕业论文写作教材的研究综述

目前针对来华留学生的论文写作教材建设才刚刚起步，市场上有三部：北京大学出版社 2012 年出版的《留学生毕业论文写作教程》、暨南大学出版社 2019 年出版的《高级汉语写作：论文写作》和华中科技大学出版社 2019 年出版的《留学生论文阅读与写作》（上、中、下）。在论文写作教材方面，汲传波（2016）提到了留学生学术汉语写作教材的尴尬境地："目前学界对学术汉语的研究成果非常少，不足以支撑学术汉语的教学及教材编写。"通过对现有对外汉语教材的梳理，吴佳、吴中伟（2016）认为此类教材"尽管已经受到相当关注，但是实际情况并不尽如人意"。目前学术汉语教材"针对的专业基本集中在科技、医学、法律、商务经贸这四类上，其他专业适用的学术汉语教材几乎还是空白，而且这些教材一般都偏重于特定专业相关语言知识教学，对于学术领域语言技能培养缺乏针对性训练，对通用性学术汉语能力的培养关注不够，对真实学术场景下的任务活动重视不够"（吴佳、吴中伟，2016）。

还有一些学者的研究成果虽未直接做出留学生论文写作教材编写的设计，但对学术汉语写作教材的开发提出了可供参考的建议。单韵鸣（2008）对专门用途汉语教材的特点及编写规范做了详细的论述，指出专门用途汉语教材是学生从汉语作为第二语言学习通向专业学习旅途中的必要工具，虽为学术汉语教材的发展提供了思路，但对汉语言专业论文写作教材编写的借鉴意义有限。李泉、吕纬青（2012）探讨了诸多专门用途汉语教材编写需要研究的问题及教材编写原则。他认为专门用途汉语教材有别于通用汉语教材，应采取汉语教学与专业知识相结合的原则，并坚持以语言教学为主，适当适量地选择与呈现专业知识，而且通用教材的编写原则与专门用途教材特有的编写原则均不可忽视，可实行专业汉语与通用汉语在结构、功能、文化方面相结合的"双轨制"。高增霞、栗硕（2018）在考察学术英语论文写作教材的基础上，对学术汉语论文写作教材的开发和建设进行了设计，提出要进行立体化、系列化的教材开发建设。高增霞、栗硕（2018）强调，留学生论文写作教材必须定位为写作技能训练教材，而不能以学术论文的规则知识介绍为主；论文写作教材必须在书面语、篇章衔接连贯、学术论文规范、学术研究过程等方面都有所涉及，并合理平衡。

以上学术汉语论文写作方面的相关研究，为进一步深入细致地研究如何编写学术汉语论文写作教材奠定了坚实的基础。

1.2.2　关于留学生毕业论文的分析及教学研究综述

留学生毕业论文问题很早就引起了有关学者的注意。早在1993年，武柏索（1993）就筛选收集了北京语言学院来华留学生的46篇毕业论文，并对其进行了分析，指出了留学生毕业论文的两大突出特点：选题宽泛和对比意识强。同时，他还指出语言障碍仍然是留学生撰写毕业论文时存在的主要问题。王晓澎、方玲（1994）对留学生选题进行了归纳整理，将选题分为语言学、文学、文化、翻译等几个类别，统计结果表明，语言学类的论文最少，文学类的论文最多，且呈现上升趋势。

在之后的一段时间里，对留学生毕业论文进行系统分析的研究比较少，2009年以后又陆续出现了相关研究。在第七届国际汉语教学学术研讨会上，仇鑫奕（2009）公布了自己对汉语言专业学士论文的分析结果，并指出问题出现的根源及解决方案。但是这份分析报告只是对论文的选题和写作真伪做了调查，对于留学生毕业论文的结构、内容、格式等方面缺乏分析研究。谷祖莎（2014）指出了留学生本科毕业论文的突出问题，并分析了问题出现的原因，提出了解决对策，但是对论文中出现的问题仅做了笼统的定性分析，没有做调查统计。

一些学者对留学生毕业论文的指导和教学提出了自己的观点。在论文指导层面，教师起到了主要作用。金宁（1998）是较早提出针对汉语言专业留学生毕业论文的指导意见的学者，指出要指导学生论文写作步骤并做好准备工作，并对教师在整个论文写作过程中的指导工作做出了大致说明。岑玉珍（2003）则区分出毕业论文写作阶段，从毕业论文写作在整个学习过程中的目的和意义说明毕业论文写作阶段的重要性和必要性，总结了毕业论文写作阶段的特点，对毕业论文的三个重要环节——选题、写作过程、答辩存在的问题提出了自己的看法。亓华（2006）基于留学生毕业论文的特点和存在的问题，为毕业论文规范指导找到了合理的依据，列举了北京师范大学对留学生论文写作和指导所采取的措施。

在论文写作教学层面，幺书君（2005）在多年教学实践的基础上，分析了韩国来华本科生写作中出现的问题及原因，对留学生汉语学历教育的教学问题进行了探索，提出应该开设专门课程，注意学生逻辑思维能力的训练。李杨（1993）将毕业论文的相关教学活动定性为"高层次的个别教学"，将其分为撰写阶段和答辩阶段，对每一个阶段的教师指导步骤和学生工作做了说明和规定。罗青松（2004）从留学生毕业论文的基本要求和主要问题出发，提出了高级阶段写作教学的基本原则和教学策略，并提出可以通过一些切实可行的训练项目，以及与文献阅读相结合的方式循序渐进地练习论文写作。付丽（2011）细致地从教学策略角度研究留学生毕业论文的指导与写作教学，提出"一个定位、两个统一、三个层级"的教学策略。陈淑梅（2012）吸收了陈贤纯关于写作课训练目的的看法以及过程写作理论，对论文写作的结构、衔接与连贯、引言与结尾、摘要、调研报告等方面的具体训练方式做出了详细阐述，这篇论文的一个重要特点在于从论文结构的角度对留学生毕业论文进行了探讨，为之后的研究提供了新的思路。孔凡娣（2015）以中国人民大学汉语言专业留学生的本科毕业论文为对象，调查了留学生论文写作中出现的问题，刘福英（2015）调查了留学生在论文写作方面的需求，石琳（2015）则以中国人民大学"文献阅读与写作Ⅲ"课堂为对象，对留学生学术汉语写作教学问题进行了探讨。这些研究为留学生论文写作的教学内容提供了非常重要的基础数据。

1.2.3　关于对外汉语专门用途汉语教学综述

专门用途外语教学及其研究状况，是衡量一种语言作为外语教学成熟与否的重要标准（李泉，2011）。在汉语加快走向世界的过程中，专门用途汉语教学也迅速发展起来，成为对外汉语教学的新领域。目前，针对该领域的研究方兴未艾，主要集中在定性定位研究、课程与教材编写研究及其他相关问题研究上。

1.2.3.1　定性定位研究

20 世纪 80 年代，对外汉语教学引进专门用途英语教学（ESP，也译作"特殊目的英语教学"）的理念来概括科技汉语、医学汉语、商务汉语等针对特定工作和专业学习的汉语教学类型，如今"专门用途汉语教学"已经被大家所熟知。但在名称上，除了"专门用途汉语"外，还有"专业汉语""科技汉语"等名称，这些概念有时候被混用，有时候又被区别对待。1977 年，杜厚文在《语言教学与研究》第一辑上发表了一篇题为《在专业汉语教学中试行突出听说、读写跟上的教法》的论文，这是第一次出现"专业汉语"这一名词（张黎，2013）。在 20 世纪 80 年代的研究中"科技汉语"这一名词更为常见，学界更是于 1986 年召开了第一次对外科技汉语教学研讨会（杜厚文，1986），这里的科技汉语是为理工农医专业留学生学好专业打基础而进行的教学活动。20 世纪 90 年代之后，出现了各种专门用途汉语教学，如商务汉语、法律汉语、体育汉语、文秘汉语等。大致说来，"科技汉语"大多数是针对理工农医专业留学生的汉语预备教学而言的，"专业汉语"多指各专门领域的汉语教学，如商务汉语。

对于专门用途汉语教学的性质和地位，张黎（2013）认为，在吕必松《对外汉语教学概论》（1993）中就已经提及。吕必松指出：按照教育性质，可把对外汉语教学分为普通教育、预备教育、专业教育和特殊目的教育四类，其中特殊目的教育"针对各种学术目的、职业目的、职业工具目的和临时目的"（吕必松，2005）。尽管没有对特殊目的教育进一步阐释，但是在解释上就是现代意义上的专门用途汉语教学。（张黎，2013）

李泉（2011）首次明确了专门用途汉语的性质和地位：它是相对于通用汉语而言的，通用汉语是普通的汉语进修课程，而专门用途汉语是用于某种专业领域、特定范围和固定场合的汉语，它不限于跟学科相关的专业汉语如商务汉语、法律汉语、体育汉语等，还包括特定业务、特定场合、特定环境中使用的汉语，即"业务汉语"，如旅游汉语、公司汉语、酒店汉语、外贸汉语等。

1.2.3.2 课程与教材编写研究

1978年改革开放以来，伴随着来华留学生人数和学习层次的增加，留学生开始进入我国高等院校学习相关专业，从那时起国内有关院校就先后开设了科技汉语、医用汉语、理工汉语等课程，并编写了相关的教材（李泉，2011）。

单韵鸣（2008），单韵鸣、安然（2009）分别讨论了科技汉语的课程设置和教材编写问题，指出科技汉语对于理工专业学生来说非常重要，但定位模糊、缺乏教材阻碍了课程的开设，影响了实际效果。科技汉语课需要从进入专业前一学期开设直到专业一年级第一学期结束。该课程的目标是学生能快速正确地理解视觉和听觉上的语言输入，还能用适当的汉语与中国人进行一些专业性问题的交流，写出一些较为通顺规范的学术报告。在研究的基础上，作者编写出版了《科技汉语：中级阅读教程》《新编科技汉语：高级阅读教程》。

相比较而言，商务汉语是专门用途汉语中研究最多的领域，无论是课程设置还是教材编写，都有很多文献，也出版了很多教材。据李泉（2011）统计，20世纪80年代以来，国内出版的各类专门用途汉语教材不少于150种，其中商贸类汉语教材占绝大多数。文献方面如李忆民（1999）等探讨商务汉语课程的设置及教材编写问题，教材方面如《国际商务汉语》系列教材等。

至于法律汉语、医学汉语等其他专门用途汉语课程及教材研究也有一些文献，在此不一一列举。

1.2.3.3 其他相关问题研究

其他方面，张黎（2013）研究了专门用途汉语的发展历程，对专门用途汉语的前世今生进行了翔实的记录和整理，为研究专门用途汉语提供了宏观材料。李泉（2011）对专门用途汉语的性质地位、课程设置、教材开发、教师构成、教学理论基础及学科内涵、现存问题等一系列问题进行了探讨，将专门用途汉语作为一个学科建立起来，为专门用途汉语在学科系统中确立了清晰的地位，并为进一步研究提供了方向。

1.2.4　关于学术英语写作的研究综述

1.2.4.1　国外关于学术英语写作的研究综述

在国外，英语作为第二外语教学研究中，学术写作受到很高的关注，关于学术写作的研究一直在不断发展，主要体现在学术用途英语（English for Academic Purposes，EAP）这一研究领域。学术用途英语是专门用途英语的一个分支，是目前英语教学研究领域的重要门类。随着 EAP 的发展，英国学术用途英语教师协会（British Association of Lecturers in English for Academic Purposes，BALEP）于 2002 年开办了《学术用途英语杂志》（*Journal of English for Academic Purposes*）。在发刊词上，Ken Hyland，Liz Hamp-Lyons（2002）对 EAP 的概念、发展过程、研究方向等方面做了基本介绍。EAP 的研究方法主要有三种：语域分析、修辞分析和体裁分析（鞠玉梅，2006）。语域分析对某一领域的学术英语论文的语言特点进行分析，总结常用词。如 Martínez 等（2009）对农业研究论文的学术词汇进行了总结；Valipouri 和 Nassaji（2013）对化学研究论文的学术词汇进行了归纳整理；Ackermann 和 Chen（2013）基于语料库对学术固定搭配进行了新的总结。体裁分析用以研究论文的各个部分，比如摘要、引文、结语等。如 Bunton（2005）对总结部分的分析，Hu 和 Wang（2014）从学科和民族语言学的角度对引文的分析。除了具体的研究分析外，在教学方面，也出版了一些教师和学生指导用书。如 Monipally 和 Pawar（2010）针对管理专业的学生和研究者的指导用书，Redman 和 Maples（2011）针对社会科学学术论文的指导用书。EAP 的研究方法对留学生学术论文的研究具有很大的借鉴意义和指导作用。

1.2.4.2　国内学术英语写作教材研究现状

学术英语写作能力是学术英语应用能力的重要组成部分，目前已成为高校英语教学重点培养的技能之一。在教材编写实践上，目前专门的学术英语论文写作教材有 55 部，在教材内容取舍、教材体例、练习题的设计等方面为汉语同类教材的编写提供了有益的借鉴。根据辛积庆（2019）的研究，国内外在教学改革、需求分析、课程设置、教学方法、教材发展、评估测试、教师发展、文本分析 8 个领域分别发表了 763 篇和 810 篇论文，不过目前国内外语界对教学模式、教师及学习者的关注远远超过了对教材的关注（蔡基刚，2006）。为进一步开发我国大学英语论文写作教材，一些学者对海外学术英语教材的特点与发展趋势进行了研究，束定芳、安琳（2014）对 *English for Academic Study* 等五套国际现行的学术英语教材的目标定位、整体和模块设计、主题选择、联系编排等方面的特点进行了分析，总结出一些特点，如：教材结构为多模态、立体互动；吸收应用现代语言学研究成果；主题内容、言语技能和学习技能之间互动；注重学习者互动；任务设计循序渐进；注重思辨能力的培养；注重学术英语向其他学科的拓展和渗透；提出课外学习要求；大量的词汇、语法单项和综合训练等。

除了对海外学术英语教材的研究之外，更多学者将研究对象集中于国内学术英语教材的进一步突破上。一个研究方向为学术英语教材的编写理念，如蔡基刚（2011a）先后指出转型时期的大学英语教材应该以内容为依托，发展学生的学术英语能力，并面向第五代教材，提出了实用性、主题化、内容型、任务型、以学生为中心、立体化等理念；笪立（2015）提出了 ESP 教材编写的"四观"即整体观、时代观、实用观、精品观。另一个研究方向为对目前国内高校学术英语教材的研究，如李玉、杨晓梅（2011）对徐宏亮、康敬群编写的《学术英语写作基础教程》进行了分析，肯定了当前英语学术写作教材编写的成就，如：视角专业规范、编排系统科学、讲解深入浅出、练习形式多样、补充材料丰富实用等，也指出了不足，如选取的材料对于没有专业背景的人来说很难理解。丁研、蒋学清（2015）对针对非英语专业本科生的 36 本 EGAP 教材，从出版社、出版时间、教材性质、训练技能、作者机构、配套电子资源等方面对高校通用英语教材的出版与开发进行了研究，指出这类教材编写存在的不足有：通用型教材多，而专门性教材少；内容重复；缺乏实用性等。于强福、尚华（2016）对 2005—2014 年国内出版的 91 部学术英语写作教材进行了调查分析，发现高校学术英语写作教材编写出版过程中存在诸多问题，如"内容重复，选材单调；专业不分，无的放矢；忽视读者，易读性差；脱离教学，实效性低"等，并在此基础上总结出四项教材编写出版策略——"整合优势资源，打造精品教材；面向不同专业，编写特色教材；以学生为中心，推出实用教材；基于网络媒体，发展立体教材"。其研究对学术英语教材的进一步完善及学术汉语教材的开发有借鉴意义，但未提及应该怎样设计教材内容、体例、结构等具体内容。

从以上可知，针对留学生汉语论文写作教学及教材编写的研究目前正处于起步阶段，"教材是课堂教学的蓝图，是关系到教学成败的关键因素"（罗青松，2001）。本研究在总结前人经验和成果的基础上，借鉴学术英语写作教学经验，结合自身的写作教学实践经验，以期对汉语学术写作教学及教材建设进行初步研究。

第 2 章　留学生学术汉语需求调查及写作能力培养

留学生已有学术写作能力以及对学术写作的认知和需求是进行有效教学的基础。本章将对来华留学生的学术写作需求、认知及写作能力进行调查。具体包括：学历生对学术汉语的认识以及学习过程中的困难及需求、来华留学生中的研究生入学时的汉语能力和学习压力（面临困难）及需求。在此基础上提出汉语学术写作能力的内容及培养方法。

2.1　关于留学生学术汉语需求的调查

2.1.1　调查设计

为了解接受学历教育的来华留学生对学术汉语的了解和需求，我们于 2015 年以北京地区几所高校高年级阶段（大三及以上）来华留学生为对象，展开了一次问卷调查。

在问卷设计上我们主要借鉴了蔡基刚（2012）的研究。蔡基刚（2012）对复旦大学等四所高校的本科生进行了问卷调查，以了解学生对学术英语课程的需求程度，以及学生在使用英语进行专业学习时面临的困难，学生掌握学术规范知识的情况。该问卷分为两部分，一部分是为了了解学生目前的学术英语能力如何，另一部分是为了了解学生对学术规范知识的掌握情况。前者包括 7 个问题：现在的学习有何需求，目前的困难，专业课老师的要求，在用英语搜集专业文献方面有何困难等。后者包括 16 个问题，主要是关于如何正确引用文献和别人的观点，怎样鉴别是否属于剽窃等。该问卷给我们的调查提供了很好的借鉴，不过由于该问卷主要是对学生学术能力及学术规范知识的调查，没有涉及具体的毕业论文写作过程中遇到的困难的调查。

我们在借鉴蔡基刚（2012）学术英语问卷的基础上补充了关于毕业论文部分

的问题，并结合汉语教学情况进行了一些改进，最终形成了"关于留学生学术汉语需求的调查问卷"。该调查问卷包括导语部分、基本信息部分（包括国籍、专业、学校等）和问题部分。其中，问题部分包括三部分：学术汉语能力调查、论文写作过程中的问题调查和学术汉语课程设置调查。第一部分为学术汉语能力调查，如表2-1所示。

表2-1 学术汉语能力调查问卷

设计问题	选项内容	设计目的
1. 你目前的汉语水平是几级？	HSK一级到六级	了解目前留学生的综合汉语水平
2. 你现在或今后的学习中有没有如下的需求？（可多选）	选修全汉语的课程；用汉语读本专业的文献和相关论文；用汉语听专家学者的讲座；用汉语写学年论文或者毕业论文；用汉语查找专业相关资料；没有任何需求	了解留学生的汉语需求情况
3. 如有上面的需求，你现在或可能遇到的困难是什么？（可多选）	全汉语的课程听起来非常吃力，跟不上；阅读原版教材和专业文献速度非常慢；词汇量不够，特别是专业词汇掌握得少，影响阅读；用汉语做论文的口头陈述和参加学术讨论有困难；写汉语的专业摘要、小论文等有困难；没有困难；其他	了解在满足这些需求的过程中留学生会遇到哪些困难
4. 你的专业课老师有没有要求你读本专业的汉语文献资料？	完全没有；基本没有；偶尔有；时常有；经常有	了解教师在留学生学术汉语能力培养过程中所起的作用
5. 你认为能够用汉语搜索和阅读专业文献资料对你的学习和研究重要吗？	完全不重要；有点儿重要；一般；比较重要；非常重要	了解留学生自身对学术汉语学习的重视程度
6. 你用汉语搜索和阅读专业文献的困难是什么？（可多选）	专业词汇量不够；总词汇量不够；对文章结构不熟悉；对句子结构不熟悉；文章太长，读不下来；抓不住中心思想；没有困难；其他	了解在满足这些需求的过程中留学生会遇到哪些困难
7. 你的专业课老师要求你用汉语写摘要、文献综述或者小论文吗？	完全没有；基本没有；偶尔有；时常有；经常有	了解教师在留学生学术汉语能力培养过程中所起的作用
8. 你认为能够用汉语写摘要、文献综述或小论文对你的学习和研究重要吗？	完全不重要；有点儿重要；一般；比较重要；非常重要	了解留学生自身对学术汉语学习的重视程度

第二部分为论文写作过程中的问题调查。这部分设计的问题主要是为了调查留学生在写论文过程中遇到了哪些问题，希望得到什么样的帮助，具体见表 2-2。

表 2-2　论文写作过程中的问题调查问卷

设计问题	选项内容	设计目的
1. 你觉得写汉语毕业论文困难吗？	一点儿都不困难；有点儿困难；难度适中；比较困难；非常困难	了解对于留学生来说写毕业论文遇到的困难程度怎么样，困难是什么
2. 你在写毕业论文时遇到的最大困难是什么？	很难定选题；文献综述不会写；找不到合适的研究方法和论证方法；教师指导不够；论文主体框架不清晰；写作技巧没有掌握；其他	
3. 在写论文过程中，你在定选题时遇到的困难是什么？（可多选）	找不到合适的选题；找不出该选题的创新之处；很难判断该选题的意义有多大；没有困难；其他	将论文写作步骤分解，了解留学生在哪一环节有困难
4. 你觉得读汉语专业文献困难吗？	一点儿都不困难；有点儿困难；难度适中；比较困难；非常困难	
5. 对于文献综述的写作方法你了解多少？	一点儿都不了解；有点儿了解；一般；比较了解；非常了解	
6. 你们的写作课上有没有练习过文献综述的写法？	完全没有；基本没有；偶尔有；时常有；经常有	了解学校现有的课程设置里有没有涉及相关内容
7. 对于写作毕业论文的相关规范，比如如何引用他人观点，论文格式，如何写参考文献等，你了解多少？	一点儿都不了解；有点儿了解；一般；比较了解；非常了解	了解留学生对论文规范知识的掌握程度
8. 你计划什么时候开始写论文？	大一；大二下学期；大三上学期；大三下学期；大四上学期；大四下学期；研一下学期；研二；博二下学期；博三；其他	了解留学生写论文的时间，是否因为时间短而造成困难
9. 你在写毕业论文时希望得到什么样的帮助？（可多选）	选题方面给予指导；搜集文献方面给予指导；语言组织方面给予指导；专业汉语方面给予指导；写作方法方面给予指导；其他	了解留学生希望得到的帮助是什么

第三部分是学术汉语课程设置调查。主要目的是了解当前这些高校的课程设置，以及留学生希望开设哪类学术汉语课程，以期为学术汉语课程设计提供一些可行性建议，具体见表 2-3。

表 2-3　学术汉语课程设置调查问卷

设计问题	选项内容	设计目的
1. 你们学校有没有开设相应的毕业论文指导课？	有；没有	了解目前高校汉语课程开设情况
2. 你们学校开设了哪类毕业论文指导课？	文献阅读方面；论文写作方法方面；论文选题方面；写作技巧方面；其他	
3. 你希望学校开设跟你专业相关的学术汉语课程吗？	一点儿都不希望；有点儿希望；一般；比较希望；非常希望	了解留学生对于学术汉语课程的需求程度
4. 如果学校开设一门传授学术汉语技能和学术规范知识的学术汉语课程，你会选修吗？	会；不会	
5. 你希望学校开设哪类学术汉语相关课程？（可多选）	文献阅读方面；论文写作方法方面；论文选题方面；写作技巧方面；不需要；其他	了解留学生希望开设哪些方面的学术汉语课程

　　除此之外，我们还设计了个案访谈部分，通过与留学生深入交流，更好地了解留学生的想法。访谈提纲共设计了 8 个问题，如表 2-4 所示。

表 2-4　访谈提纲

访谈题目	访谈目的
1. 经过本科阶段的汉语学习，你认为你现阶段的学术汉语水平如何？	深入了解留学生对学术汉语及学术汉语课堂的理解，如希望学校可以提供什么样的学术汉语课堂等
2. 你认为本科学校对你提高学术汉语水平起到了多大的作用？	
3. 你认为从什么时候起学校应该开设学术汉语课程？本科还是研究生，本科的话从几年级开始，研究生的话从几年级开始？为什么？	
4. 什么样的激励措施会提高你学习学术汉语的积极性？	
5. 你认为个人努力对学术汉语水平的提高有什么作用？给出具体说明	
6. 学术汉语四方面的技能：听、说、读、写，你认为哪方面更重要？在课程安排中，你认为这四方面的比重应该如何安排？	
7. 你认为什么样的课程能帮助你提高学术汉语的写作能力？请从课堂活动、教材、教师教学方法等方面简单描述一下	
8. 你期待学校给你提供什么样的学术汉语课堂？请简单描述	

2.1.2　调查对象

　　我们于 2014 年春季学期至暑假，通过对中国人民大学等在京高校大三及以上的在校留学生发放调查问卷的形式展开调查，共收回有效问卷 225 份，其中中国人民大学 72 份，北京师范大学 32 份，北京语言大学 31 份，北京大学、清华大学、中央财经大学各 30 份。从专业情况看，涉及汉语言、中文、国际关系、经济管理、金融学、新闻学、翻译、外交、国际政治、国际商务、法学等 37 个专业和方向，其中中文专业 42 份，约占样本总量的 19%；汉语言专业 36 份，占样本总数的 16%；汉语专业 35 份，约占样本总量的 16%，三个专业均与中文相关，合计约占 50%。非中文专业中，国际关系专业最多，占 13%。从性别来看，男性 104 人，占样本总数的 46.22%，女性 121 人，占样本总数的 53.78%。从国籍来看，涵盖东亚、中亚、东南亚、北欧、西欧等地区，韩国学生最多，有 142 人，占 63.11%，具体情况见表 2-5。

表 2-5　调查对象国籍分布

国家	频数	百分比/%
巴拿马	2	0.89
德国	2	0.89
俄罗斯	5	2.22
法国	2	0.89
芬兰	2	0.89
哈萨克斯坦	4	1.78
韩国	142	63.11
荷兰	2	0.89
吉尔吉斯斯坦	2	0.89
几内亚比绍	2	0.89
罗马尼亚	2	0.89
蒙古国	2	0.89
缅甸	2	0.89
葡萄牙	2	0.89
日本	12	5.33
泰国	17	7.56

（续上表）

国家	频数	百分比/%
土耳其	2	0.89
西班牙	2	0.89
印度尼西亚	12	5.33
英国	2	0.89
越南	2	0.89
乍得	1	0.44
合计	225	100

从年级分布来看，涵盖了大三、大四、研一、研二、博一、博二和已毕业的留学生群体，以大四的为最多，有171名，占样本总数的76%，具体分布如图2-1所示。

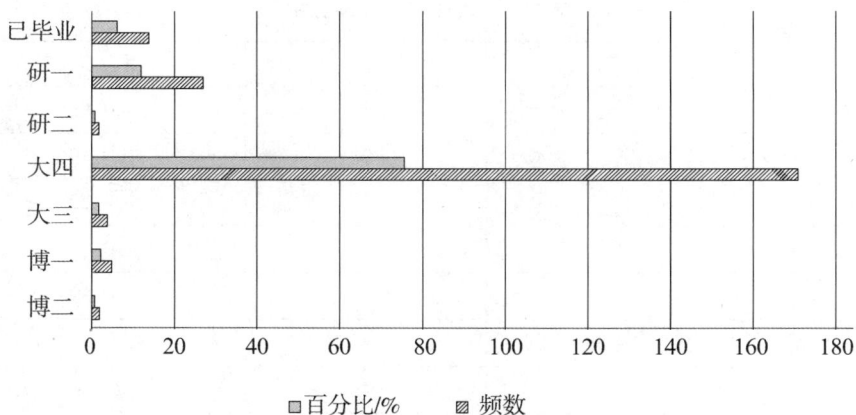

图 2-1　调查对象年级分布情况

2.1.3　调查结果

2.1.3.1　学术汉语能力的调查结果

（1）超过90%的调查对象具有中高级汉语水平。如表2-6所示，具有HSK 5、6级水平的占比达98.55%，有的调查对象已经在中国学习五六年之久，能够比较顺畅地理解听到或读到的汉语信息，能较流利地通过口头或书面的形式用汉语表达自己的观点。

表 2-6　你目前的汉语水平是几级

汉语水平	频数	百分比/%
HSK 3 级	1	0.48
HSK 4 级	2	0.97
HSK 5 级	62	29.95
HSK 6 级	142	68.60
合计	207	100

（2）九成以上的留学生有用汉语写论文、读汉语文献等多样化需求（见表 2-7）。

表 2-7　你现在或今后的学习中有没有如下的需求

是否有如下需求	频数	百分比/%
选修全汉语的课程	178	20.77
用汉语读本专业的文献和相关论文	165	19.25
用汉语听专家学者的讲座	138	16.10
用汉语写学年论文或者毕业论文	185	21.59
用汉语查找专业相关资料	161	18.79
没有任何需求	30	3.50
合计	857	100

（3）超过 99% 的留学生在用汉语学习专业课、查找专业资料和阅读时会遇到困难，仅有 0.92% 的留学生表示在用汉语学习专业课时没有困难（见表 2-8）。

表 2-8　若有上面的需求，你现在或可能遇到的困难是什么

遇到的困难	频数	百分比/%
全汉语的课程听起来非常吃力，跟不上	26	3.97
阅读原版教材和专业文献速度非常慢	144	21.98
词汇量不够，特别是专业词汇掌握得少，影响阅读	161	24.58
用汉语做论文的口头陈述和参加学术讨论有困难	168	25.65
写汉语的专业摘要、小论文等有困难	147	22.44
没有困难	6	0.92
其他（资料少、老师的要求太高）	3	0.46
合计	655	100

具体来看，留学生在写论文的过程中，遇到的困难种类存在多样化的特点，如表2-9所示。

表2-9 你用汉语搜索和阅读专业文献的困难是什么

你的困难	频数	百分比/%
专业词汇量不够	149	18.24
总词汇量不够	140	17.14
对文章结构不熟悉	129	15.79
对句子结构不熟悉	117	14.32
文章太长，读不下来	140	17.14
抓不住中心思想	132	16.16
没有困难	5	0.61
其他（古文难学、速度慢、资料不充分）	5	0.61
合计	817	100

为什么留学生在用汉语学习专业课和写论文时会有这些困难？可以从客观和主观两方面来思考。客观方面，主要从学校和老师的教育入手分析；主观方面，主要从留学生自身角度去考虑。接下来通过问卷中的几个问题来具体分析。

客观方面：专业课老师对留学生的要求不够高和训练不够多。调查显示（见表2-10、表2-11），不同学校不同专业的老师对学生的要求不一样，但总体而言，专业课老师对留学生读本专业的汉语文献资料的要求不够高，专业课老师对留学生用汉语写摘要、文献综述或小论文的要求频率偏低。

表2-10 你的专业课老师有没有要求你读本专业的汉语文献资料

要求程度	频数	百分比/%
完全没有	6	2.76
基本没有	29	13.36
偶尔有	76	35.02
时常有	46	21.20
经常有	60	27.65
合计	217	100

表 2-11　你的专业课老师要求你用汉语写摘要、文献综述或小论文吗

要求程度	频数	百分比/%
完全没有	2	0.89
基本没有	25	11.11
偶尔有	82	36.44
时常有	53	23.56
经常有	63	28.00
合计	225	100

主观方面：留学生自身对用汉语学习专业课和写论文的重视程度比较高。通过表 2-12、表 2-13 可以看出，大多数留学生（80%左右）对于用汉语搜索和阅读专业文献资料，写摘要、文献综述或小论文的重要性有充分的认识。

表 2-12　你认为能够用汉语搜索和阅读专业文献资料对你学习和研究重要吗

重要程度	频数	百分比/%
完全不重要	1	0.44
有点儿重要	30	13.33
一般	37	16.44
比较重要	67	29.78
非常重要	90	40
合计	225	100

表 2-13　你认为能够用汉语写摘要、文献综述或小论文对你学习和研究重要吗

重要程度	频数	百分比/%
完全不重要	5	2.22
有点儿重要	11	4.89
一般	29	12.89
比较重要	92	40.89
非常重要	88	39.11
合计	225	100

2.1.3.2　论文写作过程中的问题调查结果

（1）超一半的留学生认为写汉语毕业论文很困难，如表 2-14 所示。

表 2-14　你觉得写汉语毕业论文困难吗

困难程度	频数	百分比/%
一点儿都不困难	5	3.42
有点儿困难	38	26.03
难度适中	29	19.86
比较困难	45	30.82
非常困难	29	19.86
合计	146	100

　　大部分留学生选择在大四、研二时开始写论文，写论文的时间不够充裕（见表 2-15）。

表 2-15　你计划什么时候开始写论文

你计划写论文的时间	频数	百分比/%
大一	1	0.44
大二下学期	1	0.44
大三上学期	14	6.22
大三下学期	17	7.56
大四上学期	114	50.67
大四下学期	56	24.89
研一下学期	4	1.78
研二	13	5.78
博二下学期	3	1.33
博三	1	0.44
其他（学校安排时）	1	0.44
合计	225	100

　　（2）留学生在写论文时遇到的困难种类呈现多样化特点。
　　具体来看，留学生在写毕业论文时遇到的困难是不一样的。这些困难包括很难定选题、文献综述不会写、找不到合适的研究方法和论证方法、教师指导不够、论文主体框架不清晰、写作技巧没有掌握等。从表 2-16 可以看出，留学生在写毕业论文时，前期的困难是很难定选题，写作过程中遇到的困难大多是关于论文写作方法、写作技巧、对一篇完整的论文框架结构不熟悉等，呈现多样化特点。

表 2-16　你在写毕业论文时遇到的最大困难是什么

你的困难	频数	百分比/%
很难定选题	147	18.80
文献综述不会写	135	17.26
找不到合适的研究方法和论证方法	193	24.68
教师指导不够	14	1.79
论文主体框架不清晰	131	16.75
写作技巧没有掌握	160	20.46
其他（想写的内容很多，不能安排好）	2	0.26
合计	782	100

（3）留学生对写作毕业论文的相关规范缺乏了解，仅有 21.33% 的留学生表示比较了解，表示非常了解的仅占 5.33%（见表 2-17）。

表 2-17　对于写作毕业论文的相关规范，你了解多少

了解程度	频数	百分比/%
一点儿都不了解	14	6.22
有点儿了解	62	27.56
一般	89	39.56
比较了解	48	21.33
非常了解	12	5.33
合计	225	100

（4）论文写作前期困难：定选题和阅读汉语专业文献。

留学生在定选题时遇到的困难如表 2-18 所示。

表 2-18　在写论文过程中，你在定选题时遇到的困难是什么

你的困难	频数	百分比/%
找不到合适的选题	137	30.51
找不出该选题的创新之处	159	35.41

（续上表）

你的困难	频数	百分比/%
很难判断该选题的意义有多大	149	33.18
没有困难	1	0.22
其他（定题目后找不到相关信息导致更换题目，要找很多例子，阅读量不够）	3	0.67
合计	449	100

数据显示，对于"你觉得读汉语专业文献困难吗？"这一问题，仅有5.33%的留学生认为读汉语专业文献一点儿都不困难，九成以上的留学生认为读汉语专业文献有困难（见表2-19）。

表 2-19　你觉得读汉语专业文献困难吗

困难程度	频数	百分比/%
一点儿都不困难	12	5.33
有点儿困难	73	32.44
难度适中	68	30.22
比较困难	47	20.89
非常困难	25	11.11
合计	225	100

（5）论文写作过程中的困难：七成以上的留学生对文献综述的写作方法了解程度一般、有点儿了解和一点儿都不了解（见表2-20）。

表 2-20　对于文献综述的写作方法你了解多少

了解程度	频数	百分比/%
一点儿都不了解	16	7.11
有点儿了解	60	26.67
一般	103	45.78
比较了解	43	19.11
非常了解	3	1.33
合计	225	100

此外，调查显示，在课堂上，教师对于留学生的训练不够多（见表2-21）。

表 2-21　你们的写作课上有没有练习过文献综述的写法

写作程度	频数	百分比/%
完全没有	19	8.44
基本没有	49	21.78
偶尔有	87	38.67
时常有	57	25.33
经常有	13	5.78
合计	225	100

（6）留学生在写毕业论文时希望得到多方面的帮助（见表2-22）。

表 2-22　你在写毕业论文时希望得到什么样的帮助

你希望得到的帮助	频数	百分比/%
选题方面给予指导	126	17.97
搜集文献方面给予指导	151	21.54
语言组织方面给予指导	147	20.97
专业汉语方面给予指导	135	19.26
写作方法方面给予指导	137	19.54
其他（写作规范、获得在某一领域比较深刻的认识、研究方法以及思路）	5	0.71
合计	701	100

2.1.3.3　学术汉语课程设置的调查结果

（1）有42.22%的学校开设了相应的毕业论文指导课（见表2-23）。

表 2-23　你们学校有没有开设相应的毕业论文指导课

是否开设毕业论文指导课	频数	百分比/%
有	95	42.22
没有	130	57.78
合计	225	100

高校开设的毕业论文指导课大部分是论文写作方法方面的（见表2-24）。

表 2-24　你们学校开设了哪类毕业论文指导课

开设了哪类毕业论文指导课	频数	百分比/%
文献阅读方面	16	16.84
论文写作方法方面	54	56.84
论文选题方面	16	16.84
写作技巧方面	7	7.37
其他（以上都包括）	2	2.11
合计	95	100

（2）有九成以上的留学生希望开设跟专业相关的学术汉语课程，其中五成以上需求强烈（见表2-25），这一点与留学生希望得到毕业论文的指导帮助是一致的。

表 2-25　你希望学校开设跟你专业相关的学术汉语课程吗

希望程度	频数	百分比/%
一点儿都不希望	9	3.96
有点儿希望	43	18.94
一般	60	26.43
比较希望	75	33.04
非常希望	40	17.62
合计	227	100

（3）接近四分之三的留学生会选修学术汉语课程（见表2-26）。

表 2-26　如果学校开设学术汉语课程，你会选修吗

是否会选修	频数	百分比/%
会	168	74.67
不会	57	25.33
合计	225	100

（4）留学生最希望开设的学术汉语课程是论文写作方法方面的（见表2-27）。

表 2-27　你希望学校开设哪类学术汉语相关课程

希望学校开设的学术汉语课程	频数	百分比/%
文献阅读方面	136	21.22
论文写作方法方面	185	28.86
论文选题方面	151	23.56
写作技巧方面	167	26.05
不需要	1	0.16
其他（怎么写一篇书面文章）	1	0.16
合计	641	100

综上，学校开设的学术汉语课程不够多，没有满足留学生的学习需求，尤其是在写毕业论文方面；而大部分留学生希望学校开设跟专业相关的学术汉语课程，并且如果学校开设了相关学术汉语课程，大部分留学生会选修此类课程。

2.1.3.4　个案访谈部分

在调查过程中，我们对三名留学生进行了深度访谈。学生 A 是一名韩国留学生，本科就读于中央财经大学金融学专业，目前在中国人民大学攻读硕士研究生学位，专业为政治经济学，已通过 HSK 6 级考试，汉语流利，可以与中国人正常交流。学生 B 是就读于中国人民大学的本科韩国留学生，汉语言文学专业，目前大四，已在中国生活十多年，初中、高中均在北京就读，汉语流利，可以与中国人正常交流。学生 C 是一名泰国留学生，目前在中国人民大学读语言学及应用语言学，硕士研究生一年级，本科是在泰国读的汉语专业，汉语非常流利。这三名留学生都有用汉语写毕业论文的需求，在写论文的过程中都感觉到困难，这是他们的共同点。

（1）学校课程设置方面对留学生学术汉语水平影响重大。学生 C 本科阶段上过相关的论文指导课，学校开设这样的课程教他们如何写论文，进行练习。这门课在大三的时候开设，她觉得对自己大四写毕业论文非常有帮助。但是现在研究生阶段没有这样的课，就觉得比较困难。

> 我本科是在泰国学习的汉语，大三的时候给我们开设的论文指导课对我帮助非常大，它教会了我如何写一篇完整的论文。但是来中国以后，关于怎么搜集文献，比如在中国查文献大家都用中国知网，但是在

泰国不是这样的，每个国家的情况不太一样，还有论文的格式也不同，但是这些不同来到中国后没有老师告诉我们，我们只能在用到的时候找同一个国籍的师兄师姐咨询。现在我从汉语过渡到语言学及应用语言学，觉得上课比较吃力，主要是词汇量不够丰富，有些专业词汇我要通过英语来理解，可是有时候翻译得也不精确。所以，我理解起来会比较慢。而且，我们班只有我一个留学生，老师对我的要求跟中国学生是一样的。想到以后要写两万多字的毕业论文，还是挺担心的，所以现在就开始做准备。我感觉自己的汉语能力相比本科时退步了，现在正在努力追赶。（学生C）

而学生A虽然本科学校没有类似的课程，但研究生阶段学校开设了"汉语写作"课，所以觉得自己的写作能力、学术能力提高了。由此我们可以看出，学校开设什么样的课程对留学生的影响是很大的。

（2）学习环境、教师教课情况会影响留学生学习学术汉语的积极性。学生B觉得读大学以后一直是跟韩国留学生在一起，课堂上没有中国学生，这影响了他学汉语的积极性，导致他觉得自己的汉语水平退步了，如果有些课可以跟中国学生一起上，他们的学习兴趣会更高。学生C觉得教师的教课风格会影响她学习的积极性。如果教师可以考虑学生的感受，从学生角度出发思考问题，那么他们学习的积极性会非常高。

给我们上汉语写作的老师每次上课讲的时间非常少，大部分时间都是让我们自己写，可是有时候我们还没理解要写什么。我们给老师提过意见，但是她只是在下一次课时延长了讲解的时间，再下一节课的时候又恢复了以前的样子，所以，之后我们也就不再说了，但是我不喜欢这样的方式。（学生C）

（3）留学生希望学校可以开设相关的学术汉语课程。学生A希望从本科阶段就设置这样的课程。

本科的话从三年级第二学期开始，研究生的话，从一开始就需要。因为读研以后需要的专业学习比本科时候更深入、更专业，我们需要学

习一些与我们专业相关的汉语知识，还有要写专业论文。越早开始，对我们提高学术汉语水平越有帮助。（学生 A）

（4）个人努力有助于提高学术汉语水平。学生 A 和学生 B 都很喜欢自学，认为个人努力在学习语言的过程中非常重要。除了学校里老师教的内容，还要自己学习，这样汉语水平才会提高。

（5）学术汉语听说读写四方面，读写最重要。

我认为对于学术汉语来说，最重要的是"写"，因为不管其他方面再好，写不出东西来，就不能搞学术。（学生 A）

（6）留学生希望可以根据自己的专业来开设学术汉语课程。

因为我是学政治经济学的，所以很喜欢时政，希望学校可以为我们专业开设时政讨论课，让汉语水平差不多的留学生跟中国学生助教一起讨论中国的一些现实的问题，比如政治、经济、文化等方面的，老师将最近发生的热点话题告知我们，然后自由讨论，最后老师进行归纳总结。这样的课程一方面锻炼了我们的听说能力，另一方面对我们的专业知识也是一种考查，这也是进一步学习的过程。这种学术上的讨论会有助于提高我们的学术汉语水平。（学生 A）

经过与留学生的深入访谈交流，可以看出结果跟问卷调查结果一致：一方面，他们期待学校可以提供相关的帮助，比如开设相关的课程，可以从学生专业角度去思考问题，多开设一些相关课程；另一方面，他们强调了个人努力的重要性。从留学生自身来说，他们是有提高学术汉语水平的强烈需求的。从访谈可以看出，留学生对于学术汉语课程的需求迫切。

2.1.4　小结

通过这次调查，可以看到：

首先，留学生有亟须提升学术汉语能力的需求。接受学历教育的留学生都已具有中高级汉语水平，在学习中大都需要用汉语写论文、选修汉语课程、读汉语文献，而且他们都对用汉语写论文的要求非常重视。但是他们在用汉语学习专业课、查找专业资料和阅读时会遇到各种各样的困难，而专业课老师对留学生的要求不够高且训练不够多。

其次，留学生在论文写作过程中遇到的困难主要有：大都缺乏汉语论文写作规范的知识，不知道如何定选题，查找、阅读汉语专业文献有困难，不了解一般的研究方法。因此留学生对论文写作多有畏难情绪，他们希望得到多方面的帮助。

最后，在相关课程设置方面，有 42.22% 的学校开设了相关的毕业论文指导课。而大多数留学生希望开设毕业论文指导课，也希望学校能够开设专业相关的学术汉语课程。

综上，进入专业学习的留学生之前学到的汉语不足以使他们顺利进入专业学习，尤其是用汉语进行学术研究的能力还很缺乏。因此，在学历教育阶段，学校及对外汉语教学界都应该重视对留学生学术能力的培养，"通过教材和课程的设置，提供给学生一套尽快进入学术汉语学习的方法，让他们通过这个学习过程学会怎么学，从而达到能自主和独立学习的程度"（单韵鸣、安然，2009）。

2.2　关于留学生学术汉语写作能力的调查

2.2.1　调查设计

对学术汉语有迫切需求，或者能充分展现留学生学术汉语写作能力水平的是留学生研究生群体。论文或者说毕业论文写作是研究生证明自己专业水平的最终途径，留学生也不例外。因此，如何在短短两年或三年时间帮助留学生研究生提高学术汉语写作能力，最终用汉语写出一篇合格的毕业论文是培养单位必须考虑的问题，也是新时代对对外汉语教学提出的新课题（高增霞、刘福英，2016）。

学术汉语写作能力的培养和提高是一个综合性工程，不是通过几次讲座就能完成的，也不能完全推给指导教师。高校及对外汉语教学者需要对是否需要进行专门的学术汉语教学有明确的认识，而且对在什么时候教、教什么有清晰的规划。但是目前的对外汉语教学研究还主要侧重于普通汉语的教学，对学术汉语的关注还不够，教什么、怎么教的基本问题亟待解决。目前有些高校已经开始设置相应的课程，积累了一定的教学经验，对于学术汉语论文写作教学工作的进一步深化和完善有一定的启发价值。

可以说，来华留学的研究生一踏进高校就身处真正意义上的学术汉语环境，他们在高校学习时面临的问题能为各高校开展学术汉语教学、制定学术汉语教学大纲提供参考。中国人民大学为来华留学的研究生在第一个学期专门设立了"汉语写作"课，以帮助留学生尽快熟悉汉语论文写作规范，培养留学生运用汉语进行科学研究的意识和能力。笔者自 2016 年以来负责该课程的教学工作，每年的入学之初对参加该课程的在华留学生研究生入学后的语言能力和学习困难进行问卷调查，课程结束时对他们的学术汉语写作水平进行检测。本节的写作就是建立在 2016—2018 年的这些调查及检测数据上的。希望通过这些数据和观察，探讨如何培养留学生的学术汉语写作能力的问题，为学术汉语教学提供参考。本节所提到的留学生均指留学生研究生。

2.2.2　调查情况

为了有针对性地对留学生进行学术汉语论文写作训练，我们从 2016 年到 2018 年对刚入学的留学生的学术汉语写作需求、认知及能力进行了调查。根据问卷回收情况的有效性，对调查结果进行筛选并整理如下。

2.2.2.1　留学生入学时汉语能力及学习压力（面临的困难）调查

在学期开始，针对刚刚入学的留学生，我们调查了以下问题：

（1）留学生对自己的汉语语言能力如何评价？

（2）在中国高校的学习中，面临的主要困难或学习压力是什么？

（3）如何认识研究生阶段汉语学习的目的？

调查数据主要来自 2016 年秋季"汉语写作"课的学生，调查方法为问卷调查。本问卷共有五个问题，包括四方面内容：个人简况（国籍、在读硕士还是博士、汉语水平证书、论文写作经历）、汉语水平自我评估（单选题）、对自己的水平不满意的原因（选做，多选题）、学习困难或压力（多选题）、对汉语学习目标的期待（多选题）等。问卷利用第一次课的课堂时间完成，共收回有效问卷 51 份。学生基本情况为：新 HSK 5 级及以上，分别来自韩国、日本、蒙古国、越南、泰国、缅甸、法国、德国、波兰、阿拉伯、印度、印度尼西亚、哈萨克斯坦、吉尔吉斯斯坦、俄罗斯、西班牙、土耳其。硕士研究生 37 人，博士研究生 14 人。在入学前曾经有过论文写作（母语或外语写作）经历的有 23 人（博士 6

人，硕士 17 人），没有写过论文的有 28 人（博士 8 人，硕士 20 人）。

（1）语言能力自我评估（"+"表示写过论文，"–"表示没写过）。

第一道题请学生对自己听说读写译的能力进行自我评估，选项分为 A（非常好）、B（好）、C（一般）、D（差）、E（很差）五个档次，调查结果如表 2-28 所示。

表 2-28　入学时留学生语言能力自我评估

	A		B		C		D		E		AB 合计	DE 合计
	+	–	+	–	+	–	+	–	+	–		
读	4	6	11	10	6	8	2	4	0	0	31	6
听	7	3	11	12	4	9	1	2	0	2	33	5
说	5	5	9	12	7	9	1	1	1	1	31	4
写	1	3	9	6	7	8	4	8	2	3	19	17
译	1	6	11	8	8	9	2	5	1	0	26	8
合计	18	23	51	48	32	43	10	20	4	6	140	40

调查结果显示，大部分留学生对自己的汉语水平有比较客观的评价：不认为自己的汉语水平非常好，但是也不认为自己的汉语很差。大部分留学生对自己的听读说能力比较自信，认为自己水平"好"，但是对写作能力却普遍评价较低。我们看到，在 51 名留学生中，共有 17 名认为自己的写作能力比较差或很差，这个数字远远高于其他几项。尤其是没有写过论文的学生有将近一半不满意自己的写作水平。另外一个比较有意思的现象是，硕士研究生的自我评价总体上比博士研究生的自我评价要好。

对于自我感觉汉语水平不理想的原因，选择回答该题的人中有 22 人认为是由于没有高一级的汉语课堂。换句话说，他们认为如果有更高水平的汉语课堂，可以帮助他们更好地提高汉语水平。

（2）面临的困难（学习压力）。

为了解留学生入学时面临的困难，我们设计了一道多选题，让被调查者选出自己感到有压力、对自己来说很困难的事情，学生作答情况如表 2-29 所示。

表 2-29　入学时留学生面临的压力和困难

压力和困难	写过论文（23 人）	没写过论文（28 人）	合计
A. 专业词汇太多	9（39.13%）	12（42.86%）	21
B. 不能记笔记	7（30.43%）	8（28.57%）	15
C. 不知道如何查资料	3（13.04%）	6（21.43%）	9
D. 阅读专业资料有困难	7（30.43%）	4（14.29%）	11
E. 学校发表论文的规定	6（26.09%）	10（35.71%）	16
F. 不知道怎么写毕业论文	6（26.09%）	16（57.14%）	22
G. 害怕用汉语发表看法	1（4.35%）	7（25.00%）	8
H. 其他	3（13.04%） 老师语速快；表达方式有差异；如何写出满意的论文	2（7.14%） 应用词汇量不同；对自己要求太高	5

　　从调查结果来看，写论文是留学生入学时的主要压力来源，尤其对博士研究生而言，一些高校要求博士研究生在进入毕业论文答辩前需要完成至少一篇论文发表工作，有的学校对留学生也有同样的要求，这样势必会给留学生造成更大的学习压力。另一个学习压力来源于专业术语。同普通汉语不同，学术汉语的特征之一是专业性，无论是在阅读还是在听讲过程中，大量而密集的专业术语对留学生而言是一个极大的挑战，造成 A、B、D、G 四个选项上的困难。不过这种困难毕竟是词汇方面的，随着时间的流逝会过去，所以从表格中的数据可以看到：关于面临的压力和困难，写过论文的学生几乎各方面的数据都要比没写过论文的低；但是 E、F 的困难却不是很容易就能解决的，所以即使是写过论文的学生对专业学习还是感到各方面都存在压力。

　　调查中还有一个有意思的现象是：写过论文的学生对文献搜索与阅读的担忧更多，而没有写过论文的学生对文献阅读所造成的困难显然没有足够重视。

　　（3）研究生阶段学习汉语的目的。

　　为了了解留学生对学习汉语的态度，我们设计了这道多选题，请他们谈谈对研究生阶段还要学汉语的理解，结果如表 2-30 所示。

表 2-30　研究生阶段学习汉语的目的

学习汉语的目的	写过论文（23 人）	没写过论文（28 人）	合计
A. 写论文	18（78.26%）	23（82.14%）	41
B. 阅读专业文献	18（78.26%）	13（46.43%）	31
C. 进行学术交流	14（60.87%）	12（42.86%）	26
D. 获得学分	7（30.43%）	5（17.86%）	12
E. 了解中国文化	6（26.09%）	8（28.57%）	14
F. 以后的职业发展	9（39.13%）	9（32.14%）	18
G. 其他	1（4.34%） 提高自己的汉语水平	0	1

从调查结果来看，留学生对研究生阶段学习汉语的目的认识非常一致，都认为最重要的是写论文。众所周知，初级阶段常见的汉语学习动机是了解中国文化，而这一动机在研究生阶段普遍被边缘化，大家更关心的是用汉语写论文、阅读专业文献、进行学术交流。

（4）希望获得的帮助。

表 2-31　留学生希望获得的帮助

希望获得的帮助	写过论文（23 人）	没写过论文（28 人）	合计
A. 学术汉语论文的写作规范	19（82.61%）	20（71.43%）	39
B. 学术汉语的语言特点和修辞策略	13（56.52%）	13（46.43%）	26
C. 文献检索与获得	8（34.78%）	6（21.43%）	14
D. 研究方法	12（52.17%）	13（46.43%）	25
E. 与开题有关的问题	8（34.78%）	9（32.14%）	17
F. 与答辩有关的问题	11（47.83%）	13（46.43%）	24
G. 与参加学术会议有关的问题	8（34.78%）	8（28.57%）	16
H. 其他	0	0	0

结果显示，留学生急于学习的内容是学术汉语论文写作的规范及学术汉语论文的表达方式，对研究方法的需求也很迫切（见表 2-31）。

一个有意思的现象是：写过论文的学生对文献比较重视，但是没有写过论文的学生对文献很不重视。

2.2.2.2　留学生学术汉语写作中出现的主要问题

为了具体分析留学生在学术汉语写作方面的水平，我们对学生在课程学习中的习作进行了统计和归纳。这些统计工作主要分为题目、摘要、关键词、参考文献、引用、结构、语体。

整体上来看，参与课程学习的学生在撰写论文标题、参考文献、引用、摘要等方面的能力明显优于没有参与课程学习的学生。相比较而言，对照组的学生的整体汉语水平要优于培训组。由于学生是根据自己的情况自愿选择免修不免考，因此对自己的汉语写作水平比较自信，尤其是华裔，或者是曾经写作过毕业论文的学生，普遍选择免修不免考，但是在期末考试的时候，他们在学术汉语写作方面明显要差于参加过课程学习的学生。

出现问题最多的是参考文献和引用，其次是摘要（包括关键词）。问题最少的是正文的结构。也就是说，对于一篇学术论文，其中的内容模块，大部分学生比较熟悉，也能运用得当。其原因，一方面是学生在其他专业课的学习和作业完成过程中，需要大量阅读本专业领域的论文，对论文的结构、特点比较熟悉；另一方面，学术论文从本质上说也是一种议论文，而议论文的写作，留学生在汉语本科学习期间大多受到过训练，因此对论文的结构组成并不陌生。

但是，像参考文献、引用、摘要、关键词等体现学术论文特点的部分，对于没有受到专项技能训练的学生来说，是难点，尽管他们对这些板块并不陌生，甚至受到过训练（用汉语写过论文或者经过一学期的训练），但是落实到自己的写作上，仍然会出现各种不符合学术规范的现象。除了标点问题外，主要表现为：

第一，位置问题。一些留学生不知道摘要、关键词、参考文献、引用在什么地方写，哪里需要写。

第二，格式问题。尤其是参考文献，汉语的写作规范和外语的写作规范有区别，不同时期不同版本的要求不一样，有些学生写过论文，但是没有及时关注到最新的规范要求。

第三，对板块的功能理解不够。在摘要写作上，很多学生将摘要写成了引言或提纲。这些现象的产生主要是因为学生只注意到摘要出现在正文前面，但是没有理解摘要的功能与引言是完全不同的。除了摘要写作，在引用方面学生出现的问题也非常明显。一方面表现为有相当一部分学生没有引用，另一方面表现为引用使用不当。后者表现为有些学生为引用而引用，完全不顾上下文的需要而随便在文章中使用引用。相应的一个现象是论文中缺乏综述部分或者对已有文献的综述不恰当，其本质也是对引用的功能缺乏认识。

以上这些方面，对照组和培训组相比较，培训组的成绩明显优于对照组。这说明即使是汉语水平不够好的学生，经过训练之后论文写作模块等方面的问题也会明显有所改进。

2.3 关于留学生学术汉语写作能力的培养

自 2021 年 7 月 1 日起正式实施的《国际中文教育中文水平等级标准》（GF 0025—2021）对高等水平写作技能的评价标准，从第七级到第九级每一级都列出了专业论文的标准，首次明确了学术写作能力作为中文高级水平标志的重要地位和培养目标，这对未来对外汉语写作教学改革来说是一个重要的风向标。

学术写作不等于毕业论文写作，但是毕业论文写作是目前学术汉语写作教学最现实也最迫切的服务目标。当前，各高校都开设了或者计划开设学术论文写作课程或学术论文写作指导课程，只不过对于这些课程的教学内容、教学目标还不明确，也未达成统一认识。但是有一点是清楚的：学生的汉语论文写作水平，绝不是一个学期的论文写作指导课程就能够解决的，合格的学术汉语论文写作是建立在长期的学术汉语写作能力培养的基础上的。因此，来华留学生学术汉语写作能力的培养应该是一个长期的、系统的过程，需要顶层设计。

2.3.1 留学生学术汉语写作能力的构成

学术汉语写作训练，首先需要明确要培养学生哪些方面的能力。关于这方面的研究处于起步阶段，但是英语等其他学术写作的相关研究很多，值得借鉴。学术汉语写作与其他语言的学术写作有相通之处，同时也有自己的特点，因此需要根据学习者的需求和容易出现的问题进一步明确应该培养哪些方面的能力。

2.3.1.1 学术写作的特点

二语教学中的学术写作属于专门用途写作，与通用写作不同，学术写作服务于某个领域学科或问题的研究和探索。相比之下，学术写作大致有以下特点。

第一，专业性。学术写作是为科学研究服务的，是带有强烈目标的功能性写作，学术语篇带有显著的专业特征，大量使用专业术语是建立在已有学科研究基础之上的，有比较明确的读者群。

第二，模式化。学术语篇有比较固定的组成部分，其顺序也比较固定，如：题目—摘要—正文（引言/绪论—主体—结论/结语）—参考文献。每一部分也有比较固定的语步，例如，摘要的一般模式包括导言、方法、结果、讨论，而引言写作中常常包括释题、背景、评述、设计等。

第三，客观严谨，逻辑性强。普通语篇多为文学创作，为了表达观点常常允许自由发挥想象。而学术语篇必须以事实为基础，所陈述的观点是以事实为依据，不允许脱离事实的想象和虚构，而是要求缜密的逻辑推理、准确的专业表达。

2.3.1.2　外语学界关于学术写作能力的认识

对于学术英语写作能力，郭强（2006）认为是语言能力、社会语言和文化对比能力、交流策略使用能力和篇章构建能力的综合体现。熊淑慧、邹为诚（2012）认为可以从三个方面培养：学术论文的语篇规则、学术语言、科学思维。齐彬（2014）指出学术英语论文写作能力由七种子能力构成：学术思维能力、理论能力、应用能力、工具能力、文献能力、专业能力和话语能力，其中应用能力起核心作用。

以上研究成果，尽管分类多寡不同，但是所关注的核心内容不外乎学术能力和语言能力两个层面。学术能力指的是从事学术研究的相关素质，包括写作者的研究能力、专业知识掌握情况和专业识见，语言能力包括篇章结构、词语表达、写作规范等方面。一篇学术论文必须同时具备学术能力和语言能力，二者互为表里，缺一不可。但是，学术能力属于专业领域及个人专业素养方面的能力，虽然在外语课上也可以得到提高和发展，但是不应该属于外语教学的教学目标，也不是外语课一门语言课程所能负担得了的。在外语教学中能够进行培养的只有一般的学术思维、学术方法、学术研究程序等内容。外语教学的主要目标仍然应该是语言能力。

就写作结果来看，学术写作与普通写作不同的地方在于，学术语篇是在遵循基本的普通写作规范的基础上，遵循学术规范写作的结果。学术规范构成了学术语篇的风格或体裁特点，学术写作当然要训练学术篇章表达，但是，还应该同样重视普通写作技能的训练，因为普通的语言表达技能是更基础的写作技能，所谓"水涨船高"，只进行一些特别的学术表达技巧，而忽视了普通的语言写作技能练习，仍然不能有效提高学生的学术写作水平。

2.3.1.3　当前留学生学术汉语写作中比较普遍的问题

根据孔凡娣（2015）、张珊（2015）等人的调查，来华留学生在毕业论文撰写上存在的主要问题是文献研究法运用不规范，分析不深入；题目过大，摘要和关键词不规范，与论文内容脱节；主体部分结构不完整，引用不权威、不规范等。摘要写作中出现的问题主要有字词、语法、标点符号、要素、人称和分段等。

无独有偶，熊淑慧、邹为诚（2012）认为，英语二语学习者在论文写作中出现的问题表现在学术词汇、语法、文献阅读、体裁和写作修辞能力偏弱，学术写作规范知识不足，摘要格式不规范，逻辑关系不明，语篇与文体知识欠缺导致结构不完整或冗长，语法错误等方面。

可见，二语学术写作有一些问题是有共性的，如学术规范问题、词汇语法等语言问题、篇章结构及格式问题、逻辑问题等。其中逻辑问题虽然并不单纯属于语言问题，但是在写作尤其是学术语篇写作中具有非常重要的作用。幺书君（2005）在其教学实践中发现，对于高年级的本科韩国留学生来说，写作中表现出来的问题主要是缺乏文体知识和论文思维。后者主要表现为：思路狭窄、肤浅，看问题表面化、眼光单一化，缺乏观察思考的习惯和论证说理的逻辑思维。这一现象在对外汉语教学中非常有代表性，值得重视。孔凡娣（2015）、张珊（2015）研究中所提到的分析不深入、分段等问题，都是缺乏学术思维训练造成的。以上研究还表明，与学术英语写作不同，学术汉语写作中论文标题过大、摘要和关键词与正文脱节、引用不权威等问题相对更突出。这些问题的存在说明汉语学习者在学术研究素养方面是有欠缺的。罗青松（2004）的研究也发现留学生本科毕业论文写作中暴露出语言运用偏误、知识储备不足、缺乏构思论文和综合分析能力等三个问题，三个问题中有两个是学术素养的问题。根据我们的调查，相当一部分来华攻读研究生的国际学生没有经历过毕业论文写作（高增霞，2020）。所以对于学术汉语论文教学而言，学术规范和学术素养的提升是更为突出的任务。因此，我们赞成熊淑慧、邹为诚（2012）的看法，认为科学思维能力应该是学术写作能力中的一个重要组成部分。

2.3.1.4　汉语教学中应该培养的学术写作能力

综上，我们认为，学术论文写作作为对外汉语教学课程中的教学内容，其性质仍然属于语言技能教学，即写作技能的训练教学。学术汉语论文写作能力即在撰写学术汉语论文过程中体现出来的能力，具体包括学术语言表达能力、学术篇章表达能力、科学思维能力。

学术语言表达能力包括一般书面语表达能力和运用特殊学术表达格式的能力。

学术篇章表达能力包括具有学术篇章体裁意识、学术篇章结构能力、文献引用能力及遵循学术规范的能力。

科学思维能力包括批判性阅读能力、辩证分析能力、逻辑推理能力等。

学术篇章表达是遵循学术规范、依照学术研究程序、组织语言进行表达的过程，因此学术写作教学涉及学术研究程序讲解、学术规范讲解、学术篇章表达讲解三个方面。学术规范是遵循特有的学术程序及篇章写作的规则，学术研究程序即选题、查阅梳理使用资料、确定研究目标、研究设计、设计实施、得出结论解决问题等研究环节，这些构成了学术语篇的体裁特点。

在这些能力中，文献引用能力是学术写作显著区别于普通写作的能力。文献引用是学术写作的重要组成部分和典型特征之一（Petric，2012；Hyland & Hamp-Lyons，2002 等）。学术写作其实就是对各种观点的求证、关联、比较、应用，因此必须使用文献材料等外在知识资源（Paltridge & Starfield，2013）。文献引用能力的掌握是写出规范的学术论文的前提和保证，对来华留学生和本地学生都一样重要。

来华留学生区别于本地学生最显著的特征是语言能力的欠缺和对汉语写作模式的不熟悉。吴勇毅（2020）指出："许多专业的硕士生导师、博士生导师不愿意带外国学生的一个重要原因就是学生看不懂汉语的学术论文（参考文献），不能（能力不够）或不会（不知道如何）用汉语写学术论文，甚至听不懂用汉语上的专业课。"从我们的调查和教学实践中也可以看出，留学生对于汉语论文写作的焦虑主要来源于不熟悉学术汉语论文写作的套路，不知道如何正确表达，不能够恰当地整合和运用文献。因此，对于来华留学生的学术写作教学，应该将语言表达能力和文献引用能力作为教学重点。

2.3.2　学术汉语写作能力的培养现状

学术写作能力是一个长期的发展过程，在毕业论文写作之前来华留学生学历教育所有的汉语写作训练其实都是为了帮助学生提高写作能力和学术素养。以毕业论文写作为标志，二语写作能力的培养基本上可以分为三个阶段：学历教育的预备阶段、论文准备阶段、论文写作中的个别指导阶段。个别指导属于个体教学，不在本书讨论范围内。下面，我们主要通过教材写作项目的设置管窥当前学术汉语写作能力培养的状况。

2.3.2.1　学历教育的预备阶段

预备阶段的汉语学习是为接受学历教育做准备。国内各高校规定的来华留学的本科生或研究生的入学条件一般包括 HSK 成绩达到 4 级及以上的标准（张洁，2021）。根据中文考试服务网（http://www.chinesetest.cn），HSK 5 级和 6 级考试对于书写方面的要求分别是：

五级：第二部分，共 2 题。第一题有 5 个词语，考生要用这 5 个词语写一篇 80 字左右的短文；第二题有 1 张图片，考生要结合图片写一篇 80 字左右的短文。

六级：考生先要阅读一篇 1 000 字左右的叙事文章，阅读材料收回后，请将这篇文章缩写为一篇 400 字左右的短文，不需加入自己的观点。

这些试题考查的是组词成句和概述能力。水平测试是教学的指挥棒，对于教学具有引领作用。我们以《HSK 标准教程 6》（上、下）（下文简称《标准教程》）为例说明综合教材中所体现出来的对汉语写作能力的培养。

《标准教程》6 级共 40 课，写作训练设置在练习"写一写"环节，共出现了两种练习题型，一种是缩写，共 22 课，占全部的 55%，例如"这篇课文通过家庭生活中的一件小事告诉我们：虽然父母是孩子的启蒙老师，可有时孩子也是父母的老师。要想当好父母，首先要约束好自己的言行，请参考练习 5，把课文缩写成 300 字左右的短文"。另一种是话题作文，其中 13 课（占 32.5%）是讲故事或经历，例如"学完了这篇课文，请想一想，父母对孩子的爱只是简单的爱吗？有时候父母的做法可能孩子不理解，但其实都是对孩子的爱。你跟父母之间有这样的故事吗？请以'父母给我的爱'为题，写一篇不少于 300 字的文章。文章中请写清楚事情发生的前因后果，以及怎样通过这件事情感受到了父母之爱"；另外 5 课（12.5%）练习了调查报告（2 课）、介绍说明（2 课）、建议（1 课）等文体写作，例如"请对 3~4 个不同年龄、不同国家、不同职业的对象进行调查，主题是调查'你为什么学习外语'，将调查内容填入表中，课上向同学汇报，同时根据调查内容写一篇不少于 300 字的调查报告"。

从上面的练习形式和内容来看，这些训练受传统语文写作教学影响较大。传统语文写作强调的是以想象力为基础的文学创作，更注重人文情怀的培养，在篇章训练中更强调文学手段的修辞表达方式的训练。《标准教程》6 级课本的编写具有一定的代表性，从中能看出目前对外汉语教学领域综合课教材中对写作训练方式和训练目标的普遍认识。

相比较而言，相同阶段的英语二语写作训练更注重学术思维的训练。

托福和雅思考试成绩是很多英语国家高校录取时的依据。根据相关考试官网介绍，托福考试写作部分①要求考生在 1 小时内完成两篇作文：一篇要求就某一话题阐述自己的观点，300 词以上。另一篇先阅读一篇文章，然后播放一段与文章有关的演讲，要求考生总结演讲的观点论据，并陈述这些观点论据是如何反驳文章的论点论据的，150~225 词。雅思学术写作也有两个写作任务②，一个要求考生从所给图表等视觉性信息中提取信息进行描述，不少于 150 词，一个要求对所给看法或话题展开论述，不少于 250 词。这些测试考查的是读取和整理、表述信息的能力以及使用材料、对论点进行论述的能力。

预备阶段综合性英语教材有 *UNLOCK*、*THINK* 等，这些教材高级阶段的写作即为学术写作。以 *UNLOCK 3* 为例，该教材读写分册共有 10 个单元，每个单元的

---

① https://www.toefl.cn/about-toefl-whats-on-the-test.php.

② https://www.chinaielts.org/guide/sample_questions.shtml.

写作板块包括学术写作技巧、写作任务类型和写作任务的介绍，而且每个单元都为写作板块准备了写作语法部分（grammar for writing）和批判性思维部分（critical thinking）。以第 2 课为例，写作技巧部分讲解文章的结构，练习内容是写三个描述段，描述婚礼的规矩习俗，写作语法部分是增加细节表达和介词短语，批判性思维部分是识别描述的篇章结构。可以看出，写作训练明确以学术写作为训练内容，将语言训练、篇章训练和思维训练同步进行。它强调以材料数据为基础提出观点，而不是以想象为基础的文学写作。显然，这种训练为进入专业学习及论文写作奠定了坚实的语言与思维基础，非常值得汉语教材编写者学习借鉴。

2.3.2.2　论文准备阶段

论文准备阶段，国内各个学校的做法及选择的教材各不相同，但大致有两种情况：一是为论文写作专设课程，例如中国人民大学为汉语言专业本科留学生论文写作设置的文献阅读与写作系列课程（李泉、段红梅，2010）及为研究生留学生设置的外语公共课汉语写作（高增霞，2020），大连理工大学国际教育学院在大三下大四上设置的汉语言专业留学生本科毕业论文写作课（郭涵宁，2016）等，使用的教材有《留学生论文阅读与写作》（上、中、下）、《高级汉语写作：论文写作》、《留学生毕业论文写作教程》等；一是只设置通用高级写作课程，采用的教材如《体验汉语写作教程：高级》（1、2）、《发展汉语·高级写作》（Ⅰ、Ⅱ）等。

就教材而言，专门训练学术写作的教材目前市场上只有上述 3 本，市场上主流的写作教材还是通用高级写作教材。这些教材大多以记叙文、说明文、议论文为主要训练对象。以岑玉珍编著的《发展汉语·高级写作》（Ⅰ、Ⅱ）为例，这套教材共 24 课，3 课练习记叙文，2 课练习说明文，3 课练习观后感、读后感，13 课练习议论文，1 课练习读书笔记，最后 2 课介绍毕业论文，显然两节课的篇幅只能做到简单介绍毕业论文的文体知识而不可能进行真正的习作练习。对照英语的通用写作教材，以黑玉琴主编的《高级英语写作》（西安交通大学出版社，2011）为例，这本教材安排了导论、定义、概括、批判性综述、综合性写作、分析性写作、立论、问题—对策、文献 9 个单元，尽管是以普通的社会文化话题进行写作，但训练目标完全是学术写作技能。根据吕长竑等（2016）的介绍，美国高校对本科国际生设立的写作课程包括以培养学生英语能力为主的学术写作课程和为学生学习专业课程提供语言及专业能力支持的课程，课文内容多与文化话题和现象有关，训练的内容是学术写作、逻辑思维能力、批判性思维能力、学术阅读、学术道德及规范等。可见在英语写作课程体系中，对学术写作能力的训练是一脉相承的，非常值得汉语二语写作教学借鉴。

2.3.2.3　小结

通过对写作课程体系的梳理和比较，可以看出，对外汉语教学界对于学生毕业论文写作前的准备工作是有所欠缺的，无论是课程设置还是教材编写，都缺乏对学术写作的关注和重视。写作课程所训练的内容受国内语文写作训练影响较大，比较侧重文学创作和人文情怀的抒发，但是对于学术素质的培养以及学术思维的训练都很不够。

2.3.3　提高学术汉语写作能力的对策

针对学术汉语写作能力培养现状，借鉴学术英语写作能力培养的方式方法，我们认为，目前应该加强学术汉语写作课程体系建设和教材建设，形成立体化、系统化的教学体系。

2.3.3.1　进一步加强课程研究

一方面，学术写作能力绝不会从通用写作能力自动转化而来（吕长竑等，2016）。学术写作能力需要培训，只有通过不断的实践训练才能将通用写作能力转化为学术写作能力。另一方面，学术写作训练需要通用写作能力的支撑，通用写作能力对学术写作能力的提高有重要的影响，二者是相辅相成的关系。这种训练的主要战场是学术汉语写作课。我们的教学实践也证明，开设专门的学术汉语写作课对于留学生研究生的学术写作能力的提升是非常有帮助的。

高增霞（2020）根据2016—2018年三个学期三个班的留学生研究生学术汉语课的数据，比较了参加课程学习和没有参加课程学习的学生在学术汉语写作上的表现，发现尽管选择不参加课程学习的学生汉语水平普遍高于参加课程学习的学生，但学期末参加课程学习的学生在撰写论文标题、参考文献、引用、摘要等方面的能力明显优于没有参加课程学习的学生。出现问题最多的是参考文献和引用，其次是摘要和关键词，出现问题最少的是正文结构。这说明，对于留学生研究生来说，学术写作不同于普通写作的地方也是学习的难点，需要不断地重复练习才能掌握。

一门课程的力量毕竟是有限的，郭涵宁（2016）的教学实践也指出"学术论文写作的训练应该是一个长期的过程"，认为训练过程应该前移到大二。我们认为，也许篇章结构和语言练习有望能够在一两年内有很大的提高，但是知识储备和学术思维却不能在短时间内得到解决，而且也不可能单纯靠语言课得到完全解决。我们需要在语言课上关注学术思维的训练，语言学习的过程也应该是知识储备、思维水平不断提升的过程。在这方面，英语二语的教学有很好的经验值得借鉴。比如，在入学前的预备阶段，就开始进行一些批判性思维的汉语读写训练。目前在 HSK 高级写作部分改革之后，汉语教学中比较关注对资料信息的获取和概括能力，但是训练的对象多为故事类资料，缺乏对于其他体裁的材料进行信息提取和综合概括的训练；而议论文的写作练习也多限于感悟，而不是基于文献资料的写作，这些都不利于学术汉语写作能力的提高。

2.3.3.2　进一步加强学术汉语写作教材开发和建设

高增霞、栗硕（2018）指出学术汉语写作教材的编写和开发建设工作可以说已经具备了非常充分的条件，应该坚持以写作技能训练为核心的原则，以写作技能训练为主、论文规范知识为辅，进行立体化、系列化的教材编写。目前市场上面向留学生的专门论文写作教材仅有 3 套（《留学生毕业论文写作教程》《高级汉语写作：论文写作》《留学生论文阅读与写作》），显然还存在很大的开发空间。

在教学领域方面，目前的几本教材都是以社科方向的汉语学习者为教学对象，缺乏理工科、医学专业学术汉语写作教材。除了大类的区分，还可以在小类上进行区别，例如除了汉语言专业留学生，还可以开发出以经济、新闻、商学等专业留学生为对象的教材。

在阶段上，除了留学生研究生入门基础课教材和本科留学生毕业论文撰写前的写作课教材之外，还可以开发入学预备阶段的学术汉语写作教材。不过就目前来看，入学预备阶段的学术汉语教材还需要等待高校录取政策、汉语水平测试评价体系等多方面条件的成熟。

2.3.3.3　利用考试杠杆推动学术汉语写作能力培养

目前，《国际中文教育中文水平等级标准》已于 2021 年 7 月 1 日正式实施，相应的中文水平考试高级部分也即将面世。据介绍，"HSK 将依据《标准》，在保持现有六个级别考试稳定的基础上，首先增加 HSK 7～9 级，形成'三等九级'考试等级体系，现行的 HSK 1～6 级考试近期不会调整"[①]。这说明在不远的将来，可能会在中文高级水平测试中出现对学术写作能力的考察，而现在的 1～6 级考试将不会有变动。对于学术汉语能力的培养来说，前者肯定会有极好的推动作用，而后者则说明整体的改革还需要相当一段时间。

水平测试作为一个重要的风向标，对于教学方向的引领起着重要的作用。当前几乎所有的国内大学在进行国际本科生、研究生招生时都是以 HSK 成绩为标

---

① 　https://mp.weixin.qq.com/s/JmWirdtSOMK4GenuVQLx7w.

准，吴勇毅（2020）、张洁（2021）都提到目前的来华留学生入学标准是造成学生入学后专业学习和研究困难重重的一个重要原因。根据前文分析，当前的中文水平考试在写作能力上考查的并非学术写作能力。所以，非常有必要专门开发针对非母语汉语学习者在学术语言任务环境下真实学术语言能力的水平考试，以此为杠杆，促使学习者重视学术汉语能力的提高。

进入 21 世纪以来，国际中文教育出现了很多利好趋势：中文被纳入多个国家的国民教育体系，学习者学历层次大幅度提高，学历生逐渐成为留学主力，吴勇毅（2020）高度评价了这一现象，认为这是一个标志性的转折，是改革开放至今的第一次翻转（甚至是中华人民共和国成立 70 年以来的第一次翻转）。高层次、高端专业型人才培养需求的增加，要求我们必须重视学术汉语能力的培养，尤其是学术汉语写作能力的培养，"我们应该大力开展对学术汉语本身、学术汉语习得与学术汉语运用的研究，探索出一条高效的培养外国学历生的学术汉语阅读能力和写作能力的新路子，让他们真正成为汉语学术共同体的成员"（吴勇毅，2020）。为达到这个目标，有必要加强汉语水平考试的顶层设计，研究、开发学术汉语能力的水平考试，制定学术汉语能力水平标准，以指导对外汉语教学。

2.3.4　小结

国际中文教育发展的可喜局面，要求我们必须加强顶层设计，在继续做好大众化、普及化的汉语教学的基础上，关注现在及将来汉语高层次、高端专业型人才培养的需要，及时展开学术汉语能力培养研究，通过开发新的学术汉语能力水平考试，丰富学术教材建设，不断推动学术汉语课程体系改革。而其中学术汉语写作能力的培养在当前更为急切，也更具体可行。

学术汉语写作能力的培养，不仅仅是汉语书面表达能力的提高，还必须是学生思辨能力或者批判性思维能力的提高。在教学中，写作能力的训练与思辨能力的训练必须同时进行。学术汉语写作能力的培养，应着力培养学生的书面语表达能力、论证能力和互文能力。而在论文写作训练之前，我们应该通过充分展开论说文的训练培养学生的汉语论证能力。

学术汉语写作能力的培养是一个长期的过程。不仅仅是学位论文写作阶段为毕业论文的写作服务，而且需要提前到专业学习之前，因此需要从整体上系统地考虑，不能仅仅"头疼医头"，只为用汉语写作毕业论文服务，而是要放开眼界，建立起一个包含不同阶段、不同层次的学术汉语写作能力课程体系。

第 3 章　留学生本科毕业论文情况调查

本章以中国人民大学文学院汉语言专业及汉语言文学专业本科留学生为调查对象，统计了 2008—2010 级留学生本科毕业论文共计 170 篇，并从选题、结构、研究方法等角度对这 170 篇论文进行统计分析，对存在的问题进行剖析，并对如何提高汉语言专业及汉语言文学专业留学生本科毕业论文质量提出建议，为今后留学生本科毕业论文写作以及教师教学提供参考和借鉴。

3.1　毕业论文选题和写作方法的统计分析

3.1.1　毕业论文选题统计分析

在进行论文选题分类时，首先根据论文标题进行初步分类，如果论文标题指示的选题方向不止一种，则参考论文的主要内容，对论文选题进行进一步分类。比如《〈西游记〉与宗教，〈西游记〉在韩国的译介及影响》，该论文题目显示了三种选题方向，宗教属于哲学范畴，《西游记》的分析属于文学范畴，《西游记》在韩国的译介属于翻译学范畴。通过研读该论文内容，发现该篇论文着重阐述了《西游记》对韩国文学作品的影响，对《西游记》与宗教的关系，以及《西游记》的翻译只是简单提及，因此把该篇论文划分到"文学"类。按照这种方法，仍有部分论文难以归类，如《中韩城市交通情况比较》《青少年游戏文化与网瘾的关系》《多角度观察中国社会公共观念的建立》等，对于这种类型的论文选题，我们把它归到"其他"类中。按照上述方法，我们将 170 篇留学生本科毕业论文的选题分为文学、语言学、文化、艺术、经济、教育、哲学、翻译、其他九大方向，进行数据统计后，得到表 3-1。

表 3-1　留学生毕业论文选题方向

年级	文学	语言学	文化	艺术	经济	教育	哲学	翻译	其他	总计
2008 级	36	0	0	2	1	0	2	1	1	43
2009 级	28	10	9	4	1	2	2	1	6	63
2010 级	34	8	6	5	4	3	0	0	4	64
总计	98	18	15	11	6	5	4	2	11	170
占比/%	57.65	10.59	8.82	6.47	3.53	2.94	2.35	1.18	6.47	100

　　王晓澎、方玲（1994）曾经对北京语言学院 1990 年至 1993 年 4 届留学生的毕业论文选题进行过统计，将留学生选题分为语言学、文学、翻译、文化、艺术、哲学、历史、经济、其他。从表 3-1 的统计结果可以看出，留学生毕业论文的选题方向相较以前更加丰富。

　　文学类选题是最常见的选题方向，占总数的 57.65%，其年代分布如表 3-2 所示。

表 3-2　留学生毕业论文文学类选题年代统计

	2008 级	2009 级	2010 级	合计	比例/%
古代文学	23	16	22	61	62.24
现代文学	9	6	9	24	24.49
当代文学	3	5	3	11	11.22
其他	1	1	0	2	2.04
总计	36	28	34	98	100

　　由表 3-2 可以看出，古代文学所占的比重最大，当代文学最少。王晓澎、方玲（1994）曾经对 1990 年到 1993 年 4 届留学生的毕业论文选题进行过统计，文学类选题中，古代文学占 11%，现代文学占 76%，当代文学占 12.6%。虽然学生选题受多种因素的影响，比如教师指导、学校政策、课程设置等，而且两次调查只是对个别学校留学生的分析，结果并不具有普适性，但是我们也能从两次调查结果的对比中看出一些选题方面较为显著的特征。当代文学方向的选题在两次调查中所占的比重都是最少的，可以看出，留学生对当代文学的关注比较少。

　　体裁情况统计结果如表 3-3 所示。

表 3-3　留学生毕业论文文学类选题体裁统计

		2008 级	2009 级	2010 级	总计	总计
小说	四大名著	8	3	6	17	48
	其他古代小说	1		1	2	
	其他现代小说	4	1	1	6	
	当代小说	3	3	3	9	
	韩国小说	2		2	4	
	鲁迅小说	1	4	2	7	
	小说流派	1		2	3	
散文	《论语》	4	5	9	18	20
	《荷塘月色》	1			1	
	唐宋散文		1		1	
戏剧	《西厢记》	1			1	3
	《罗密欧与朱丽叶》	1			1	
	《雷雨》			1	1	
诗歌	古代诗歌及诗人	4	3	3	10	13
	《诗经》		1		1	
	现代诗歌	1	1		2	
神话		4	1		5	5

可以看出，在五种体裁中，留学生最喜欢研究的是小说，而戏剧最少。在小说中，对四大名著的研究最多，尤其是《三国演义》；现代小说中对鲁迅小说的研究最多；散文研究主要是《论语》，共 18 篇。诗歌研究主要集中在唐宋诗歌以及一些著名诗人如李白、白居易、李清照、陶渊明等的诗歌，对现当代诗歌研究较少。

留学生毕业论文中语言学研究有 18 篇，排名第二，按研究方向统计如表3-4所示。

表 3-4　留学生毕业论文语言学类选题统计

语言学分类	2008 级	2009 级	2010 级	总计
汉字	0	3	0	3
词汇	0	5	8	13

（续上表）

语言学分类	2008 级	2009 级	2010 级	总计
语音	0	1	0	1
汉语综合研究	0	1	0	1
总计	0	10	8	18

可以看出，关于词汇的研究最多，关于汉字和语音的研究较少，而且没有对语法的研究。此外，汉外语言对比研究也比较多，其中有 8 篇论文是中韩、中泰的对比研究。在王晓澎、方玲（1994）的统计中，对汉字的研究最多，其次是汉外语言对比和词汇研究。对比两次统计结果，可以发现，留学生对汉字研究的热情有所下降；在语言学领域，汉外语言对比研究和词汇研究始终是留学生研究的重点。

文化类选题有 15 篇，占总数的 8.82%，包括传统节日、饮食文化、婚俗、信仰、胡同文化、酒文化、烟文化、餐桌礼仪等，主要以中外对比为主要研究方法，如《中安饮食文化比较》《中国与韩国的春节比较》等。

艺术类选题有 11 篇，占总数的 6.47%，主要包括对中外不同的艺术形式进行研究，如京剧、电影、电视剧、动漫、动画片等。艺术类选题主要有两大特点。一是对电影的研究最多。11 篇论文中有 6 篇论文是研究电影艺术的，主要研究内容是中外电影对比，或分析人物形象。二是中外艺术对比研究较多。电影的对比有《中韩电影〈不能说的秘密〉与〈触不到的恋人〉对比分析》《中韩电影产业化比较》等；戏剧艺术的对比有《中国的京剧与韩国的河回假面剧比较》等；电视剧的对比有《中韩热播电视剧比较分析》等。王晓澎、方玲（1994）的统计中，文化类选题不仅包括风俗习惯、饮食文化、中外文化交流等方面，也包括中华传统艺术。我们将艺术单独划分为一类。与之比较，我们的统计结果有两个新趋向：文化类选题出现了一些新的关注点，如对孔子信仰的研究，对烟文化、酒文化、餐桌礼仪的研究；艺术类选题比重上升，王晓澎、方玲（1994）的统计中传统艺术有 6 篇，占 2%，在本次统计结果中由 2% 上升到 6.47%，而且不仅包括对传统艺术的对比研究，对新兴的艺术形式，如电影、动漫、电视剧等留学生也表现出浓厚的兴趣，这说明艺术研究得到留学生越来越多的关注。

经济类选题有 6 篇，占总数的 3.53%，主要包括公司企业（3 篇）、贸易（3 篇）研究。王晓澎、方玲（1994）的统计中，经济类选题有 16 篇，占总数的 7%，且其中 14 篇是关于中国经济改革的，两次的统计结果相比，经济类选题大幅下降。

教育类选题有 5 篇，占总数的 2.94%，主要包括对教育政策（1 篇）、教学设计（1 篇）、教材（1 篇）以及汉语教学机构——孔子学院的研究（2 篇）。王晓澎、方玲（1994）的统计中该类话题作为语言学下的汉语教学，只有 1 篇。从两次统计结果的对比中可以看出，教育类问题逐渐引起了留学生的关注。

哲学类选题有 4 篇，占总数的 2.35%，主要包括对主要思想流派以及中外著名哲学家的研究，涉及诸子百家的思想理论、孔子思想、孟子思想、老子思想等。哲学研究以先秦主要思想家为主，这一点与王晓澎、方玲（1994）的统计结果相似。

翻译类选题有 2 篇，占总数的 1.18%，两篇论文主要是关于鲁迅翻译理论和韩汉翻译中出现的错误。王晓澎、方玲（1994）的统计中翻译类选题占总数的 11%，两次统计结果相差很大，说明近年来留学生对翻译的关注较少。

其他类选题有 11 篇，占总数的 6.47%。其他类选题包括社会问题、个人问题、人物分析、汉语传播。社会问题有 5 篇，涉及当下的热点话题，如就业问题、交通问题等；个人问题有 4 篇，如网瘾、留学生消费状况等。可见留学生的选题范围非常广泛，呈现出与时俱进的特点。

3.1.2　毕业论文研究方法统计分析

留学生毕业论文所表现出的研究方法主要有文献研究法、调查研究法、对比研究法、文本分析法、统计分析法等。论文《面向社会学习者的对外韩语综合课教学模式设计》主要是教学设计，不属于以上五种类型，故归为其他类。一篇论文中有时会存在多种研究方法，我们只选取最主要的研究方法进行统计。结果如表 3-5 所示。

表 3-5　留学生毕业论文研究方法统计

研究方法	出现次数			次数总计	出现频率/%
	2008 级	2009 级	2010 级		
文本分析法	16	20	21	57	33.53
文献研究法	9	27	20	56	32.94
对比研究法	18	14	20	52	30.59
统计分析法	0	1	2	3	1.76
调查研究法	0	1	0	1	0.59
其他	0	0	1	1	0.59
总计	43	63	64	170	100

留学生最常使用的研究方法是文本分析法，主要用于对文学作品的研读。而调查研究法是使用最少的研究方法，只有1篇。统计分析法有3篇，主要集中在词汇对比研究上。这说明留学生对于实证类的研究方法比较陌生。

文献研究法是第二常用的方法。不过，文献研究法虽然比较常用，但是能够正确使用文献研究法的并不多，留学生在使用文献研究法的过程中存在诸多问题。文献研究法的一般过程分为以下几个步骤：确定研究目的和问题，文献收集，文献整理，文献解读，文献分析。最后一步文献分析分为定量分析和定性分析，定性分析可以分为逻辑分析、历史分析、比较分析等（林聚任、刘玉安，2004）。虽然论文主要呈现的是文献分析的过程和结果，但是文献收集、整理、解读的工作才是文献研究法的基础，直接决定论文质量的好坏。从留学生的毕业论文来看，留学生使用文献研究法存在的问题主要出现在文献收集、整理、解读的过程中。一是文献收集的质量和数量不能满足研究。文献的质量主要体现在文献的可靠性和权威性，而留学生经常使用网络文献，如百度百科、百度知道、新浪博客等，这些文献的质量并不高，并不适合做文献来源。另外，使用的文献资料非常少，部分论文只引用了两三篇文献。二是文献整理没有条理，不够系统。比如《论茅盾文学观念的现代性》，论文使用了大量篇幅介绍茅盾的文学观念，只是简单地把搜集的资料堆积在一起，段与段之间没有明确的逻辑关系，各章之间也没有必然的联系，主线不突出，整篇论文缺乏条理性。三是缺少文献解读的过程。文献解读能够提取文献中有用的观点，用来支撑自己的论文。但是在留学生论文中，很少看到留学生使用正确的引用格式，这样就很难区分哪些是留学生自己的思考，哪些是引用，也就无法展示出留学生在论文写作中解读文献的过程。

对比研究法也是留学生比较喜欢的一种研究方法。留学生通常将中外文化、文学作品或社会现象等进行对比，这也从侧面表明留学生的跨文化对比意识比较强。但在使用上也存在着一些问题，主要表现在留学生的对比分析能力并不强，他们通常把对比的对象放在一起，分别介绍，缺少对比分析以及对比的结果说明。

3.2 毕业论文结构的统计分析

毕业论文作为学术论文的一种，有其固定的结构和格式，我国对于毕业论文的论文结构和写作规范早就有明确统一的规定。根据1987年制定的《科学技术报告、学位论文和学术论文的编写格式》（以下简称《编写格式》），论文的构成包括前置部分、主体部分、附录部分和结尾部分。前置部分包括题名、序或前言、摘要、关键词、目次页等内容；主体部分包括引言、正文、结论、致谢、参考文献等主要内容；附录部分是对论文主体内容的补充，并非必须具备；必要时，还需添加结尾部分，结尾部分可以编排分类索引、著者索引、关键词索引等。该标准还对论文中的序号、图表、公式、缩略词等项目制定了明确的规范。总体而言，该标准对论文的编写格式进行了详细的说明和规定，但适用范围过大，并非针对毕业论文。关于毕业论文的规定，我们还可以参考《高等学校毕业设计（论文）指导手册》（以下简称《手册》）。《手册》指出人文社会科学大学生毕业论文一般由题目、内容提要、目录、主题、参考文献、注释等部分构成，并分别对每一项内容做了具体说明。

以上文件对毕业论文的结构已经做出了统一的规定，各个学校结合实际情况，也会相应制定本学校的论文指导规范。以中国人民大学为例，中国人民大学教务处 2012 年制定的《中国人民大学本科学生毕业论文指导手册》指出，学士学位论文包括首页、中外文摘要与关键词、内容目录、图表目录、正文、注释、附录、参考文献。

参考以上关于论文结构的规定，同时结合学生论文情况，我们将论文的基本结构分为四大部分：题目、摘要和关键词、主体部分（包括引言、正文和结语）以及参考文献。

3.2.1　毕业论文题目统计分析

常言道，题目是文章的眉眼。一个好的题目往往能够让读者以最快的速度抓住文章的主旨，把握文章的中心。毕业论文的题目亦是如此。《手册》对毕业论文题目有如下说明："毕业论文的题目是直接表达或揭示论文主题思想和中心论点的，因而要鲜明、准确，不能含糊、空泛。要使读者一看题目，就能基本上了解论文的基本观点。避免用偏僻、怪异的词句做题目。标题切忌故弄玄虚、哗众取宠。"

由于论文题目具有如此重要的地位，一些学者对论文题目展开了研究，分析了论文题目存在的问题，试图制定论文题目的衡量标准，并寻找写好论文题目的方法。毕业论文题目普遍存在着题目过大、研究方法单一、缺乏创新、语言不规范等问题（谷祖莎，2014；王群英，2006）。为了加强论文题目的科学性，蒲雅洁（2010）对学术论文题目的基本成分进行了分析，指出了学术论文题目的三要素，即主题、被研究对象和研究方法。针对论文题目中出现的问题，王群英（2006）认为我们可以通过对题目关键词的分析来衡量一个论题的大小。关键词内涵越小，界定越清晰，概念的外延就越小，需要涉及的领域就越少，题目也就越容易做。同时，拟定论文题目时少用形象化描写，多用客观性描述；少用文学语言，多用客观语言；少用模糊概念，多用清晰概念。

留学生毕业论文的题目也存在诸多问题。我们通过分析 2008—2010 级汉语言专业和汉语言文学专业的留学生论文，把论文题目大致分为以下三种类型。第一种类型为通论型题目，这一类型题目的特点是研究范围广泛，综合性强，如《论蒋光慈和左翼文学》《中韩两国神话对比分析》《〈故事新编〉研究》《孔子信仰研究》等。这一类题目通常选取某一文学作品或作家、名人为研究对象，但是研究角度不明确，缺乏针对性，题目过大，按照本科毕业论文 8 000 字的要求，根本无法把这一庞大的题目分析透彻，这样就导致论文内容过于空洞。第二种类型是示例型题目，这一类题目的显著特点是通常会加上"以……为例"或者在副标题中指出具体的研究对象，如《东西方伟人论学习——以孔子和西方名人名言对比为例》《中韩杂志中的现代小说比较——以〈新青年〉与〈开辟〉为例》《谈 1950 年代对萧也牧小说的批判——以〈我们夫妇之间〉为主》。与通论型题目相比，这一类题目所显示的研究范围更小也更加明确。第三种类型是限定型题目，这一类题目在中心词上添加了一些限制性成分，缩小了研究范围，如《中日韩太阳神话对比》，与通论型题目《中韩两国神话对比分析》相比，把神话范围缩小到太阳神话，研究对象更加明确清晰，更有利于进行深入的研究。在拟定论文题目时，三种类型的论文题目相比，示例型题目和限定型题目的研究对象更明确，研究范围适中，更加适合作为本科毕业论文题目。

通过上述的举例分析，我们可以看出，留学生毕业论文的题目主要存在以下问题：一是研究范围过大，缺乏针对性。由于留学生在本科阶段学习的知识和研究能力有限，其毕业论文应该是对某一问题的初步研究和探讨。在字数要求和知识水平都有限的情况下，毕业论文一个最基本的要求应该是能够把某一问题分析透彻，做到有理有据，让人信服，给人启发。二是题目不够简洁明确，重复啰唆，滥用副标题。如《文人曹子建——分析曹子建之诗文世界论述及后世影响》，这一题目主副标题重复出现曹子建，没有必要，显得啰唆，可以直接用后半部分做题目。此外，部分题目的主副标题次序颠倒，副标题的作用是对文章主旨进行补充说明，在主标题不能明确地表达论文的中心内容时，可以采用副标题进行补充，使题目更加鲜明准确。但是部分论文题目显然没有认识到副标题的真正作用。比如《试论李清照和许兰雪轩的比较——中韩女诗人的文学比较》《女人"潘金莲"——试论〈金瓶梅〉中的女性形象》，副标题不仅没有使论文的外延缩小，反而使论文的研究范围进一步扩大。

3.2.2　毕业论文摘要和关键词统计分析

关于摘要，《编写格式》有如下规定："摘要应具有独立性和自含性，即不阅读报告、论文的全文，就能获得必要的信息。摘要中有数据、有结论，是一篇完整的短文，可以独立使用，可以引用，可以用于工艺推广。摘要的内容应包含与报告、论文同等量的主要信息，供读者确定有无必要阅读全文，也供文摘等二次文献采用。摘要一般应说明研究工作目的、实验方法、结果和最终结论等，而重点是结果和结论。"

在摘要的体裁分析研究中，通常将摘要结构划分为导言（introduction）—方法（method）—结果（result）—讨论（discussion）四个语步，即 IMRD 模式（Swales，2001）。所考察的留学生毕业论文中有 2 篇没有摘要，对其他 168 篇论文摘要的语步模式统计如表 3-6 所示。

表 3-6　留学生毕业论文摘要语步模式统计

语步	语步模式	出现次数	语步模式频率/%	语步频率/%
4 语步	IMRD	3	1.79	1.79
3 语步	IMR	12	7.14	17.86
	IMD	16	9.52	
	MRD	2	1.19	
2 语步	IM	78	46.43	55.36
	MR	6	3.57	
	IR	5	2.98	
	RD	2	1.19	
	MD	2	1.19	
1 语步	I	21	12.50	23.81
	M	13	7.74	
	R	6	3.57	
0 语步		1.19	1.19	1
总计		168	100	100

由表 3-6 可见，在 168 篇论文中，IMRD 语步模式只有 3 例，仅占 1.79%。IMRD 语步模式对论文的研究背景、研究方法、研究对象和研究意义都做出了阐述，按照《编写格式》的规定，摘要应具有"独立性和自含性"，IMRD 语步模

式正是符合了摘要"独立性和自含性"的要求，是比较理想的摘要写作模式。以下是一篇 IMRD 语步模式的摘要：

纽马克翻译理论和功能派翻译理论是西方翻译理论中比较有影响力的两个理论，亦为中国译界所关注。纽马克翻译理论以原文本功能为中心，提出了语义翻译和交际翻译两种翻译方法。功能派在文本功能论、翻译行为论和翻译目的论的基础上提出了以翻译目的为第一指导原则的功能翻译理论。//本文通过对纽马克和功能翻译理论的对比，发现两种理论在翻译的定义和本质、翻译的标准、文本功能类型及翻译的策略等诸多方面有着相当大的不同和侧重。//纽马克坚持原文本的权威，以"对等论"为评价标准，通过对原文本的功能分析选择不同的翻译策略。其理论对传统的翻译如文学、应用文翻译等有着较强的实践指导作用。而功能派翻译理论将翻译活动纳入人类信息交流的范围，在更广阔的视野下处理与翻译相关的问题，其理论以翻译的目的为翻译第一考虑要素，目的文本功能由翻译目的确定，原文本不再是不可逾越的权威，而仅是为目的文本提供信息的一个来源而已。功能派翻译理论拓展了翻译的范畴，丰富了翻译的内涵。//今天不同语言、不同文化主体间正进行着越来越广泛的科技、经济和文化等方面的交流，翻译作为这种交流中最基本和最重要的一部分，其广度和深度远远超出了传统翻译的概念，功能派翻译理论为那些被传统翻译理论忽视而在现实中存在并已被广泛认可的翻译活动提供了直接的理论支持。

这是一篇硕士论文，论文题目为《文本功能·翻译功能·翻译策略——纽马克翻译理论与功能翻译理论对比》。摘要前三句说明了本文的研究对象（I 语步），第四句说明了研究方法——对比（M 语步），第五句到第八句介绍研究结果（R 语步），最后一句进一步阐述了研究意义（D 语步）。从内容上看，这是一篇较为完整的摘要。通过摘要，读者便可以了解文章的主要信息，整体把握文章内容。

下面我们再来对比一下留学生 IMRD 语步模式的摘要，以下为一篇留学生毕业论文中 IMRD 语步模式的摘要：

语言是人类最重要的沟通手段，人们通过语言保护和传递人类文明的成果。语言不仅是人们思想交流的媒介，而且对经济、政治、科学、文化有着重要影响。汉语是世界上使用人数最多的语言，随着中国经济的发展，人们开始重视学习汉语，中国也通过孔子学院努力传播汉语和中国文化。

自 2004 年在韩国开设第一所孔子学院以后，到 2013 年，中国在全球已建立 440 所孔子学院和 646 个孔子课堂。其中在亚洲 32 国（地区）里有 93 所。

本文以在韩国、日本成立、运营的孔子学院为研究对象，介绍两国孔子学院的现状并对其营运情况进行比较分析。文章使用的材料主要来自现有的文献资料、统计数据和两国孔子学院的网站。从成立的时间、数量、课程等可以看到两国孔子学院营运得很努力，但是还有些部分需要改善。比如韩国的孔子学院需要强化传播，日本则需要分散地成立孔子学院和将教材本地化。

本人希望通过本研究的内容为日韩两国孔子学院的运营提供新思路，相信孔子学院会通过不断改进营运方式、充实营运内容而走向新的发展。希望通过对日韩的孔子学院和中国的孔子学院在发展现状、营运方法和出现问题等方面的分析研究，帮助促进孔子学院更好地进行汉语学习推广。

这篇摘要的前两段说明了本文的研究背景（I 语步），第三段前两句说明了研究方法和材料来源（M 语步），第三、四句是研究结果（R 语步），最后一段进一步阐述了研究意义（D 语步）。这与 IMRD 语步模式相吻合，但是从整体比例上看，这篇摘要的研究背景、研究意义比重太大。事实上，根据《编写格式》，研究结论才是摘要中最重要的部分，这一点在上面硕士论文摘要的例子中也有所体现。这种现象的出现从侧面反映了留学生对摘要的写作要求、写作目的并未完全把握。

在其他语步模式中，统计结果表明，2 语步模式是留学生论文中最常用的语步模式，占总数的一半以上。其中最常见的语步模式为 IM，即首先介绍研究背景、研究目的，引出研究对象，然后说明论文的研究方法、结构等。以下为一篇 IM 语步模式的摘要：

21 世纪是一个快速发展的时代，汉语发展也突飞猛进，汉语新词的数目便加速增长起来。在我们平时的生活中，总会遇到很多的汉语新词，它们来自普通的词汇，但是有很多被赋予了特殊的含义，如果不理解真正的含义就会产生很多的误会。另外，汉语新词的激增也给人们的交流带来方便，汉语新词一部分译自西方语言，这些汉语新词随着社会的发展和进步，也被赋予了很多新的含义和理解。

建立词汇和意义是与社会的发展、人们认识的变化密切相关的现象的现实。随着人类语言的普及，汉语新词出现了通用化现象。本文考察了2008—2012年出现的汉语新词，分析了汉语新词在词长、成词材料、结构方式等方面的特点，并从两个角度分析了汉语新词出现的原因。

这是一篇非常典型的留学生的 IM 语步模式的摘要。它的显著特点的是 I 语步占的篇幅非常大，然后简单介绍一下论文的研究方法和内容。若是再进一步，有些论文中只写了 I 语步，说明研究背景或选题原因，甚至连论文介绍都没有。I 语步模式的摘要数量是仅次于 IM 语步的，占 12.5%，可以推测出留学生更倾向于把摘要的主要内容归为研究背景和写作缘由。这说明留学生对摘要写作还是存在一定的误区，没有清楚地认识到摘要的作用。

另外值得注意的是 0 语步模式，这一点非常出乎意料，在其他摘要的研究中从未发现这种语步。0 语步模式是一篇论文虽然有摘要，但是摘要的内容不符合 IMRD 四个语步的任意一个。以下为一篇 0 语步摘要的例子：

《活着》是讲一个老人的故事。非常富裕的主人公，他有时间就去青楼与妓女玩一块儿。他喜欢被妓女背着逛街，每次被妻子的爸爸发现，但他一点儿都不在意，通过事情的发生他慢慢改变自己。《活着》是写一个人和他的命运之间友情的作品，给人们显示这两者之间的关系而使人们感动。人和命运是既能相互带来感动，但是又能变成仇敌。这作品通过一个人的人生给我们讲这两（人和命运）之中，没有理由扔掉一个也不能生对方的气。

这篇论文的题目是《〈活着〉的历史背景和文本分析》，但在这篇摘要中，没有指明本文的研究目的、研究方法、研究结果以及研究意义。这篇摘要说明作者并不明白何为摘要，也不懂得摘要的写作方法，这是值得我们关注的问题。

此外，在统计分析中发现，IMRD 四个语步出现的频率也大不相同，表 3-7 为四个语步出现频率的统计结果。

表 3-7　留学生毕业论文摘要语步频率统计

语步	I	M	R	D
出现次数	136	132	36	25
出现频率/%	80.95	78.57	21.43	14.88

由表 3-7 可知，论文摘要中出现频率最高的是 I 语步，介绍研究背景、选题原因等内容，其次是 M 语步，是对论文研究方法或内容的介绍。其中 D 语步占的比重最小，说明大部分留学生在撰写摘要时没有关注论文的意义和价值，而且一部分 D 语步所阐述的研究意义是从作者自身角度出发，只是叙述了该论文对作者的意义和给作者的生活学习等方面带来的启示。

关键词和摘要通常同时出现在论文主体部分之前。《编写格式》指出："关键词是为了文献标引工作，从报告、论文中选取出来用以表示全文主题内容信息款目的单词或术语。"由于关键词只是由几个词构成，经常会被作者忽视，从而出现很多问题。胡蓉（2004）指出关键词的常见问题有用词不规范、选取宽泛概念词、逻辑混乱、数量随意等。那么如何提取关键词呢？邵永强（2003）提出了两种选择方法——抽词法和赋词法，抽词法就是从题目或文章中直接抽取关键词，赋词法就是根据文章内容，参考相关工具书，人为地提炼出关键词。潘光友等（2011）提出了选择关键词的一些实用方法，比如避免使用词义宽泛的通指性词语，如特点、理论、规划等词语，不能使用短句作关键词等。

经过对留学生论文的分析，我们发现留学生论文中的关键词主要存在以下问题：一是关键词数量不合标准。根据中国人民大学论文指导手册的规定，关键词的数量为 3~6 个。绝大多数论文的关键词是符合标准的，有部分论文的关键词少则 2 个，最多的高达 9 个，这是很明显的不规范之处。二是关键词的位置不对，部分论文的关键词在摘要之前，还有部分论文的关键词在文章末尾处，也就是结论之后。此外还有一些论文没有关键词的英文翻译。三是关键词的选取过于随意，概念宽泛，无法准确表达论文的关键信息，甚至与论文内容关系不大。大部分留学生的关键词选择都采用了抽词法，而且多是从论文题目中直接抽取。如《汉语的优点和缺点——分析汉语特点》，这篇论文的关键词是"汉语、优点、缺点"。这样的关键词意义宽泛，优点、缺点适用的场合很多，也不能明确表达该文的中心思想。《小说〈蛙〉的艺术特点分析》选取的关键词是"诺贝尔文学奖、荣誉、计划生育、和睦、悲剧"。若是不看论文题目，仅仅通过这五个关键词，读者完全不知道这篇论文要表达什么。即便是看到文章题目，也无法把这五个关键词与论文题目建立起明晰的联系，让人难以理解。

通过对摘要和关键词的分析，我们可以看出，留学生对基本的写作规范和概念并不是十分清晰，这在今后的论文指导中是值得重视的问题。

3.2.3　毕业论文主体部分统计分析

3.2.3.1　论文引言部分分析

关于论文的引言，《编写格式》规定："引言（或绪论）简要说明研究工作的目的、范围、相关领域的前人工作和知识空白、理论基础和分析、研究设想、研究方法和实验设计、预期结果和意义等。"对于学位论文而言，"学位论文因为需要反映出作者确已掌握了坚实的基础理论和系统的专门知识，具有开阔的科学视野，对研究方案作了充分论证，因此，有关历史回顾和前人工作的综合评述，以及理论分析等，可以单独成章，用足够的文字叙述"。由此可以看出，毕业论文的引言部分应该包括对前人研究的总结、研究空白、研究设想、预期结果和意义等内容。

Swales（2001）运用体裁分析法提出了论文引言 CARS（Create a Research Space）模式，将引言分为三个语步，每个语步下面有若干步骤：

语步 1，确立研究领域。

步骤 1，声明集中性；和/或步骤 2，概括研究课题；和/或步骤 3，回顾前人研究。

语步 2，确立研究点。

步骤 1A，反驳前人观点；步骤 1B，指出研究空白；步骤 1C，提出问题；步骤 1D，在前人基础上继续研究。

语步 3，占领研究点。

步骤 1A，概括研究目的，或步骤 1B，说明当前研究；步骤 2，说明主要研究发现；步骤 3，介绍文章结构。

语步 1 有三个步骤，这三个步骤可以同时存在，也可以只选择一个；语步 2 有四个步骤，一般而言，一篇论文中只选择一种方式来确立研究点。语步 3 有三个步骤，其中第一个步骤分为两种方式，二者选其一即可。可以看出，CARS 模式对引言内容的描述更加细致，与《编写格式》对引言的要求也基本吻合。我们将采用 CARS 模式对留学生毕业论文的引言部分进行分析。统计时发现，2008 级毕业论文中有 8 篇没有引言，2009 级有 18 篇没有引言，2010 级有 8 篇没有引言，总计有 34 篇毕业论文没有引言。有效样本数为 136 篇论文。以下为统计结果。其中，M 代表 Move，S 代表 Step，步骤（Step）一栏中的 0 代表引言中没有该语步。

表 3-8　留学生毕业论文引言 CARS 统计结果

语步（Move）	步骤（Step）	出现次数			总计
		2008 级	2009 级	2010 级	
M1	0	3	4	5	12
	S1	12	15	10	37
	S2	25	32	49	106
	S3	0	3	7	10
M2	0	27	36	48	111
	S1A	0	2	0	2
	S1B	1	0	1	2
	S1C	7	7	6	20
	S1D	0	0	1	1
M3	0	13	15	14	42
	S1A	9	18	24	51
	S1B	11	23	34	68
	S2	0	1	1	2
	S3	8	0	6	14

由表 3-8 可以看出，缺失最多的语步是语步 2，语步 2 的作用是确立研究点，也就是如何确立研究课题。但是大部分留学生在引言部分没有谈及为何选择某一问题或现象为研究点，或者仅仅从自身角度出发，说明这一研究课题对自己的意义。以下是一篇语步 2 缺失的引言：

　　神话是科学的客观不能证明的故事，但是神话包含着真实性。因此还没发明文字的时代的那些古代人的想法和思想，可以通过分析流传下来的神话知道。神话包含的内容很丰富，比如有造人神话、创世神话、月亮神话等。本文的主要内容是讨论太阳神话，也就是古代人对太阳的理解的故事。通过比较中国、日本、韩国三个国家关于太阳的神话，分析不同国家神话的异同点。

该引言只是对研究对象做了说明，然后介绍论文内容，没有提及如何确立研究点。虽然大部分留学生都忽略了引言的这一部分内容，但是也有部分学生恰当地使用了 CARS 模式提及的确立研究点的四种步骤，其中使用最多的是提出问题，也就是在引言中提出自己在某一研究领域的疑问和困惑，并尝试去解决问题。使用最少的步骤 4 是在前人基础上继续研究，这一点我们可以从语步 1 的分布情况上找到问题的根源。语步 1 中的步骤 3 是出现最少的，步骤 3 是对前人研究的回顾和总结，这一步骤的缺失说明大部分学生并没有查找文献的意识，也就无从谈起继续前人的研究，因此也就导致了语步 2 中步骤 4 的缺失。在语步 3 中，出现次数最多的是步骤 1B，说明当前研究，也就是对论文的简单介绍，这一步骤通常出现在引文的最后。而且，在统计中发现，语步 2 步骤 1A 和步骤 1B 通常是同时出现的，而且位置颠倒。以下为一典型例子：

> 本人将通过此篇论文研究孔子《论语》中对"孝"的理解，以及"什么是正确的孝道观？"等问题。分析孔子在《论语》的《为政》《学而》《里仁》等几篇中提到的孝道观、对待长辈的态度以及"孝"的重要性。以此来说明孔子的孝道观对当时以及现代社会的深远影响及意义。希望读完此篇论文能对中国古代的孝道做一次回顾，并启发大家正确的道德观念。在科技迅速发展、生活水平快速提高的今天，仍能不忘孔子的教诲，让这个社会更加美好。

这一引言先简单介绍了论文内容，然后说明研究目的和意义，把步骤 1A 和步骤 1B 的顺序颠倒了。CARS 模式中的语步位置并不是一成不变的，根据作者的需要可以进行适当调整，从而更好地表达作者的想法和意图。

通过上述对论文引言的分析，我们可以看出留学生毕业论文的引言主要存在以下问题：一是引言缺失，导致论文结构不完整。在 170 篇论文中，有 34 篇没有引言。二是引言不规范，内容不完整。引言中主要缺少有关如何确立研究问题的表述，这是留学生通常会忽略的一点。

3.2.3.2 论文正文部分分析

正文部分是论文最核心的结构。正文主要是通过某种论证方式说明自己的观点，最重要的是要做到有理有据，思维缜密，让人信服。论文正文部分的结构形式并没有统一的标准。央青（2013）指出论文的论证方式主要有三种：描述性结构、分析性结构和论证性结构。描述性结构主要是按照某种顺序或组织结构对一特定的主题进行描述性说明，比如文献研究中，按照时间顺序或逻辑顺序描述前人的研究。分析性结构主要是将研究对象分时期或分版块、分角度等进行分析。论证性结构的论文中一般会有明确的论点、论据。论证方式有很多，比如事实论证、理论论证、比较论证等。杜兴梅（2006）指出学术论文的正文结构形式可以分为并列式、递进式和混合式。并列式是根据事物的角度、层面、因素的特点来排序。围绕中心论点，各个分论点相互独立，不分主次。递进式是指紧扣中心论点按照时间、空间、逻辑的顺序层层推进，步步深入，最终推出结论。递进式又分为时间递进、空间递进、逻辑递进。混合式是综合了以上两种结构的论证形式。二者的分类虽然有所不同，但都基本包含了留学生毕业论文正文部分的结构形式。

整体来看，留学生毕业论文正文部分的论证结构主要可以分为两种类型，一是横向结构，二是纵向结构。横向结构与央青（2013）的分析性结构和杜兴梅（2006）的并列式结构相似，就是按照时间、角度等对研究对象进行描述分析。如《21 世纪韩国汉字教育政策的变化——以 2007 年改定教育课程后政策变化为主》一文对 1945 年以后、中韩建交之后以及 21 世纪三个时间段的韩国汉字教育政策进行了描述和分析。《东西方伟人论学习——以孔子和西方名人名言对比为例》一文从学习时间、学习方法、学习态度三个角度分析东西方伟人对学习的论述。纵向结构与杜兴梅（2006）的递进式结构相似，就是对研究对象的分析层层展开、步步深入，后面的分析是对前文分析的展开，最终得出结论。如《唐宋散文与唐宋政治的关系——以唐宋八大家为例》一文首先介绍了唐宋散文以及唐宋八大家的从政经历，然后以此为基础分析唐宋八大家的从政经历对作品创作的影响，最后得出结论，说明唐宋散文和政治的关系。

留学生在论证时，主要存在两个问题，一是缺少论证思维，论证不深入。如在文学作品对比分析的论文中，一般只有对比而没有分析，论文只是把两部文学作品按照人物、修辞、主题思想等方面平行放置在一起，缺少较为深入的对比分析。幺书君（2005）也提到过这一问题，指出留学生论文思维简单化，缺少论证思维。因此，在日常教学中，应注意培养留学生的论证思维。二是论证思维不严谨，主要表现在论文各章节内容联系不够紧密。如《韩国教育系统中汉字使用情况——世宗大王创造，〈训民正音〉以后到 20 世纪末汉字研究》分为五个章节，分别是《训民正音》创作背景和目的，《训民正音》创作到 20 世纪汉字使用情况，韩国汉字教育政策的过程，韩国汉字教育的问题和必要性，汉字教育的发展和迫在眉睫的课题。这五个章节之间看起来并无严密的联系，也没有逻辑关系可言，更像是把各方面的材料简单堆放在一起，没有主线。

论文正文中除了论证结构，还有值得注意的一点就是图表。在论文主体部分论证中，通常使用图表作为一种重要的呈现方式。图表具有简洁明了、直观清晰的优点，有利于加强论文的论证。央青（2013）将图表称为"注意力的吸引点"，指出恰当地运用"注意力的吸引点"是撰写学术论文的一项基本技巧和重要的工作技能。留学生毕业论文中也有使用图表的案例，但是仍然存在不少问题。

一是未能合理地使用图表。在数据较为繁多复杂时，用图表进行表示，会使数据的表达更加清晰明了，让人易于接受。留学生在处理数据时，有时在应该使用图表的情况下却未能使用，使论文变得繁复啰唆。比如在论文《韩国留学生消费状况研究》中，作者通过调查，得到韩国留学生的消费情况，然后对此进行了描述：

> 在住宿方面，韩国留学生每个月基本上都需要花费 2 000~5 000 元不等。其中，每个月消费 2 000~3 000 元的人占 42%，3 000~4 000 元的人占 12%，4 000 元以上的占 26%，只有五分之一的留学生们可以用 1 000 元到 2 000 元的花费来解决住宿问题……在饮食和日常生活必需品方面，70% 的韩国留学生每月的平均消费集中在 1 000 元到 3 000 之间，但是每月消费在 3 000 元以上的却不是很多，只占 10%，还有一些学生这方面的消费在 1 000 元以下，这样的人约占 20%……在每月水电网络电话费的费用方面，韩国留学生 18% 的人花费在 200~300 元，有 48% 的人花费在 300~500 元……

可以看到，这部分对调查结果的分析是用大量数据进行支撑的。在这种情况下，图表是很好的呈现方式。而留学生并未能合理地运用图表，没有抓住"注意力的吸引点"。

二是图表使用不规范。按照《编写格式》的规定，图表应该有明确的标题，标题的位置为表名在上，图名在下，图表要编排序号。在《解读〈论语〉中的"仁"》一文中，所有的表格序号均为"表一"，让人感到困惑。还有的图表没有标题或位置错误。这也是应该注意的地方。

3.2.3.3 论文结论部分分析

论文主体部分的最后一部分是论文的结论部分。结论部分是对研究结果、结论进行陈述，也是对整个研究的总结，《编写格式》指出，"可以在结论或讨论中提出建议、研究设想、仪器设备改进意见、尚待解决的问题等"。以下我们将从标题和结构方面对留学生毕业论文的结论部分进行分析。在统计中，我们发现共有 12 篇论文没有结论部分，故剔除在外，有效样本数为 158 篇。

结论部分的标题通常为"结论"，但是在留学生毕业论文中也出现了许多其他的标题，以下是对标题的统计结果：

表 3-9　留学生毕业论文结论部分标题统计

章节名称	出现次数	出现频率/%
结论	83	52.53
结语	52	32.91
总结	17	10.76
结束语	3	1.90
结论与建议	1	0.63
总结与思考	1	0.63
总结—结论	1	0.63

由表 3-9 可见，留学生毕业论文结论部分的标题多种多样。使用最多的标题是"结论"，其次为"结语"，也有少量留学生使用"总结"作为结论部分的标题。在标题上，"结论"或"结语"较为常用。

在结论的体裁分析中，Bunton（2005）通过对学术论文的统计分析，把结论部分的语步模式总结为五个语步，分别是：重述研究课题；巩固研究空间；实用方法、启示、建议；对未来研究的建议；再次总结研究。

Bunton（2005）指出，语步 1 是在结论部分的开头部分对整篇论文的简单陈述，语步 2 是结论部分的核心部分，所占比重最大，重述论文的研究方法、结果、前人研究等内容，语步 3 是提出切实可行的解决问题的方法、建议或者启示，语步 4 则是对今后研究的建议和启示，语步 5 是对研究再次做一个简短的总结，作为结论部分的收尾。以下是对留学生毕业论文结论部分的语步统计结果。

表 3-10　留学生毕业论文结论部分语步统计

语步	出现次数			总计	出现频率/%
	2008 级	2009 级	2010 级		
M1	10	11	23	44	18.72
M2	33	47	55	135	57.45
M3	6	21	8	35	14.89
M4	7	2	9	18	7.66
M5	0	0	0	0	0
0	0	0	3	3	1.28

由表 3-10 可以看出，语步 2 是留学生最常使用的方法，也就是在结论部分，

留学生通常会对研究内容、研究结果、研究意义等方面进行说明。对研究结果的说明是大部分论文的重中之重。0语步的出现意味着有些留学生毕业论文的结论部分并不符合结论部分的写作要求，这部分留学生主要叙述的是自己在论文写作中的感悟。以下便是一个感悟性结论的例子：

> 我写完这篇毕业论文后的感慨是居多的，成就也是如此。一开始我选到"《论语》里的曾子曰"这一题目时只是想了解曾子在《论语》这本书上所提到的、所提倡的道理和言语而已，但是写完论文之后的想法与刚开始完全不同。写这一篇论文的过程中，曾子的言行不仅给了我好多提醒和启发，而且还对自己进行了自我反省。曾子在《论语》这本书上的主要言行是关于孝道、仁德、修养、君子等方面的问题，一想起他的主要观点的话他的观点与我的观点是大致相同的，我也明明了解到并思虑到这些观点的，但是回顾到平时的我却没自信做到那些行为。写完这篇论文之后，我就对自己进行了深深的反馈，平时的我虽然明白那些道理、一听那些道理就了解并赞同，但一说起"实行"就很难说了。这就是我写毕业论文的最大收获，在分析、研究、懂得曾子所说的言语中感悟到了新的思考点、反省点、转折点。我真心地感谢能有机会回顾到了以前的我并给我扩展了新的视野、新的方向。

以上这篇论文的结论中，作者只是说明了自己的写作感悟，未能对论文内容进行总结说明，这并不符合结论的写作规范。

总体而言，留学生对论文主体部分的写作规范并不十分清楚，甚至出现论文结构不完整，缺少引言或结语的问题。在引言部分，大部分留学生都忽略了确立论文研究点，缺少对前人研究的总结。在正文部分，存在图表使用不规范等问题。结语部分较少提及对今后研究的意义、解决问题的方法等更深层次的思考，偏于感性认识。这是留学生在论文主体部分写作中常出现的问题。

3.2.3.4 论文参考文献分析

参考文献是学术论文研究中对某一著作或论文的参考或借鉴。研究者在参考引用他人著作时，注明出处，就每个引用的内容提供完全准确的细节，这是最基本的学术能力（央青，2013）。

从所考察的留学生本科毕业论文来看，参考文献数量差别很大（见表3-11），最多的高达30条，而最少的只有2条，平均数为10，中文文献数量远远高于外文文献数量，也有极个别论文的参考文献全部是外文文献。此外，值得注意的一点是网络参考文献的引用情况。三个年级的留学生引用的网络参考文献平均数依次为 0.9、1、1.7，可以看出留学生引用的网络参考文献逐年增加，而且引用的很多网络参考文献并不具备权威性和科学性，如百度百科、百度知道，甚至是某篇不知名的博文。这种现象的出现，从侧面反映出留学生获取文献的能力不足，获取文献的渠道不够专业。如何查阅文献资料也应该成为导师在论文指导过程中的重要内容。

表 3-11　留学生毕业论文参考文献数量统计　　　单位：条

	平均数	中文文献平均数	外文文献平均数
2008 级	9	7	2
2009 级	10	7	3
2010 级	11	8	3

参考文献的注释应该遵循一定的规范，参考文献有不同的注释规范，不同的学术刊物也有各自的要求。国家制定了《信息与文献　参考文献著录规则》（GB/T 7714-2015）作为统一标准。《中国人民大学本科毕业论文指导手册》中也有对参考文献规范的详细说明。参考文献有多种来源，如专著、期刊、报告、互联网文章等，不同类型的参考文献有不同的注释方式。留学生毕业论文参考文献注释大部分不符合规范，主要存在以下问题：互联网文章参考文献未注明访问时间，由于互联网更新很快，如果不注明时间，就无法准确地表达引用来源；未注明类型标识符，如 J 代表期刊，M 代表专著；格式五花八门，专著的引用格式为：［序号］作者. 书名［类型标识符，如 M］（译者）. 出版地：出版者，出版年份：起止页码。而有的留学生毕业论文中将专著引用写为："刘宝楠（1988）：《论语正义》，石家庄：河北人民出版社"，或者写为："许南明等. 《电影艺术词典》. 中国电影出版社，1986 年版"，以上的例子都没有按照规范注明参考文献。

总体而言，留学生毕业论文的参考文献部分存在不少问题，主要表现为参考文献不权威、引用的网络文献过多、格式不规范。

3.3　小结

本部分搜集了中国人民大学文学院汉语言专业及汉语言文学专业 2008—2010 级留学生的本科毕业论文，共计 170 篇，从留学生毕业论文的选题方向、研究方法、论文结构等方面展开分析。

　　根据统计分析结果，我们发现，在选题方向上，留学生毕业论文的选题主要集中在文学、语言学、文化等方向，同时又涉及哲学、教育、经济等多个领域，关注热点问题，呈现出丰富多样、与时俱进的特征。在研究方法上，留学生毕业论文的研究方法主要有文本分析法、文献研究法、对比分析法等，存在的问题主要是部分研究方法运用不合理，比如文献研究法缺少对文献的解读、分析，对比研究法的分析不够深入。在论文结构上，本部分对论文题目、摘要和关键词、主体部分和参考文献进行了细致的描述和分析。论文的各个部分都存在着不同的问题。论文题目的问题在于范围过大，不够简洁明确；论文摘要和关键词出现写作不规范的现象，与论文内容脱节，摘要写作更倾向于对研究背景的介绍；论文主体部分包括引言、正文和结论，部分论文正文结构不完整，缺少引言或结论，引言和结论的写作没有抓住重点；参考文献存在引用不权威、格式不规范等问题。

　　针对留学生毕业论文写作中存在的各种问题，我们认为，一方面应注重并加强教师的指导作用，教师要针对留学生毕业论文写作各个环节的特点和问题进行相关指导；另一方面应重视论文写作相关课程的设置和研究，在课程中普及论文基础知识，进行研究方法的指导和训练以及具体的写作训练。

第 4 章　留学生论证语篇偏误研究

4.1　研究设计

学术汉语写作能力的提高并不是一朝一夕的事情。前文我们主张，学术汉语教学应该从本科学习之前的高级汉语阶段开始，并逐步延伸到研究生教育阶段。学术论文以论证为体裁特点，在进入学术论文写作之前，需进行大量议论文（或称论说文）的写作训练。议论文是留学生从叙述体写作转向学术论文写作的必要过渡，学术论文本质上就是专门表述科研成果的长篇议论文。因而，良好的议论文写作能力能为学术论文的写作打下良好的基础（幺书君，2005）。

很多学者指出在留学生书面表达中存在着这样一个现象：即使每个句子都合乎语法，但篇章整体上却无法连贯起来（鲁健骥，1992；刘月华，1998；彭小川，2004；田然，2006）。我们看到，在议论文写作中出现的问题并不仅仅是语言层面的，还涉及论点的论证推理、各功能段间的衔接连贯等问题，这些问题涉及逻辑思维、论证推理等内容，是学术论文写作的核心问题。因此，本章以留学生议论文中的篇章问题为对象，全面、系统地考察留学生在议论文写作时出现的篇章结构和篇章衔接上的偏误，以期为学术论文写作教学提供借鉴。

4.1.1　相关研究综述

我们在 CNKI 中文期刊全文数据库上以"留学生议论文"为关键词检索到文献共计 13 篇，除两篇为对外汉语写作教材外，其余 11 篇从不同角度涉及了留学生议论文的研究，大致可以分为对留学生议论文本身的研究、对留学生议论文的偏误分析、对留学生议论文的教学研究三个方面。

关于留学生议论文本身的研究中，廉爱宁（2011）运用修辞结构理论，通过对比分析的方法，对中外汉语议论文进行了宏观功能结构的比较，结论认为留学生对修辞结构关系的使用和中国人的使用情况大体相似，但留学生偏爱一些篇章标记词；常用"描述现象—提出论点—揭示原因—解决方法"的结构；分值高的作文具有结构层次复杂、结构类型多样的特点，同时她还总结出留学生议论文主要存在核心论点不明、论据与论题无关两大偏误现象，并结合研究成果，从教师、教法、教材的角度，对议论文篇章教学提出了改进意见。周海艳（2011）运用主位推进模式，分析了对外汉语教材中的议论文范文，探讨了主位推进模式与篇章结构之间的关系及议论文语篇的展开规律，结论认为主位同一型是汉语议论文主要的推进模式，把与主题相关的内容作为主位反复重现，有利于突出主题；汉语议论文中复项主位居多，语篇主位以逻辑连接语为主。她还认为议论文强调逻辑严谨，举例论证时时间、地点词语必不可少，说理论证时逻辑联系语不可或缺。崔贤美（2011）的调查结论提到韩国留学生对"议论文"和"说明文"这两种体裁的掌握情况最不理想。宋璟瑶（2015）基于廖秋忠的论证结构理论，对90篇中高级汉语学习者的议论文语料进行了论证结构上的分析考察，发现得分较高的学习者作文大部分都有完整、标准的论证结构，高分作文中"最小论证结构"的数量略低于中、低分作文。江韵（2017）分析了美国留学生写作汉语应用文、记叙文、议论文三种不同文体时使用元话语标记的情况，结果发现议论文是三种文体中元话语标记使用频率最高的文体，并以形式连贯标记、内容组织标记和表达观点标记最多。成艳艳（2017）分析研究了中高级留学生书面语写作时表现出的口语化倾向问题，其中关于议论文这一文体的语体特点表述如下：议论文属于实用语体和文艺语体的融合体，观点鲜明突出，语言规范，论证严密，逻辑性强，书面语特征也较为明显。

对留学生议论文的偏误分析中，许秦竹（2014）从语篇衔接的角度对日本高级水平留学生的议论文进行了语法衔接、词汇衔接、逻辑衔接三方面的偏误分析。李艳（2012）分文体研究了英美留学生 HSK 书面语体中的偏误，认为议论文的常见语体偏误表现为语句间连接不当、逻辑混乱；语句间过渡不当、结构松散；语篇文体选择不当，观点不突出。宋璟瑶（2015）的研究结论认为未达到高分水平的学习者的议论文存在引论与论证的先后顺序错乱的问题；从低分到高分的学习者，其议论文都会出现引论的长度比例过高的现象；得分较低的学习者的议论文还存在逻辑上的矛盾、脱节、混乱等问题。

对留学生议论文的教学研究方面，幺书君（2005）提出高年级写作课应注重议论文、小论文的写作训练，重点培养学习者的思维逻辑性及语言逻辑性能力。吕茵茵（2014）的实验结果发现利用鹰架教学法可以有效提高学生的议论文写作能力。崔金明（2013）将体裁过程教学法灵活地应用于对外汉语议论文教学，通过对话等方式引入议论文文体特征，简单易懂。李艳（2012）结合研究成果提出使用鲜明有力的语言手段和严谨清晰的谋篇结构、使用过渡句群和复句长句、运用规范丰富的词汇和严谨灵活的句式等方法以满足篇章语体要求。

以上关于留学生议论文的研究资料虽然数量不多，但涉及的领域非常广泛，为我们对议论文结构和语言的研究提供了有益的参考，同时也存在着一些不足之处。关于留学生议论文的偏误研究文献数量共计 3 篇，分为语篇衔接、语体特点、论证结构三个角度，每篇研究资料都对所选角度下的偏误表现进行了具体细致的分析，这种从一个角度出发的专门性分析具有很强的针对性，但也可能因此出现顾此失彼的情况。尤其是仅根据某一个方面的研究结论提出议论文整体教学上的建议，很容易出现偏颇，难以全面提高留学生的议论文写作能力。

4.1.2　研究内容和方法

结合议论文的文体特点，本章主要从篇章结构和篇章衔接两个角度对留学生议论文中的偏误情况进行考察。

留学生在议论文写作上出现的问题常常是缺乏论述或者论证不充分、跑题偏题等（廉爱宁，2011；张迎宝，2012；宋璟瑶，2015），从现象层面上说，这说明学生写作议论文的时候缺乏整体的篇章把控能力；但是从本质上说，这是学生逻辑思维、论证推理方面出现了问题，因此，单纯从语言形式上纠偏，不能解决本质问题。以往的篇章研究，多关注篇章衔接。从学生议论文习作来看，我们认为非常有必要将篇章结构单列出来进行考察。

本章留学生议论文语料均选自"HSK 动态作文语料库"，判定留学生写作篇章为议论文的标准是同时满足以下两点：一是命题内容倾向于发表议论，二是留学生在文章中表达了自己的观点主张。在选取语料时，为保证语料的可考察性，我们首先筛除了因时长有限等外在因素所导致的语义未尽、作文未完的语料，同时，还注意考虑两个因素：分值分布上平均覆盖"小于 60 分""大于等于 60 分小于 80 分""大于等于 80 分"三个分数段；国籍分布上尽量使欧美、日韩、其他亚洲国家学生比例大致相当，以使考察对象更具普遍意义。此外，本章还兼顾了材料作文和非材料作文两种写作类型，所选语料总计 90 篇（见表 4-1），其中材料作文 30 篇，非材料作文 60 篇，标题主要包含《由"三个和尚没水喝"想到的……》《如何看待"安乐死"》《吸烟对个人健康和公众利益的影响》《父母是孩子的第一任老师》。在整理语料时，除繁体字、别字、错误标点外，对语料中的偏误现象尽量不做改动，以保证分析结果的客观真实性。

表4-1　90篇留学生议论文语料

材料作文							
编号	语料编号	国籍	分值	编号	语料编号	国籍	分值
L1	1996051045232000021	韩国	55	M6	1996051045231000163	韩国	65
L2	1996051045252000052	日本	55	M7	2001051096351000786	俄罗斯	75
L3	1996051046081000141	波兰	55	M8	2001051099221000618	美国	70
L4	1996055505231900062	韩国	55	M9	1996051046342000038	英国	70
L5	1996051045231000071	韩国	55	M10	1996051048012000167	澳大利亚	70
L6	1996051045251000092	日本	55	H1	1996051046342000326	英国	80
L7	1996051045232000115	韩国	55	H2	2001051096142000377	荷兰	80
L8	1996051045231000083	韩国	55	H3	2001051095252000350	日本	80
L9	1996051045252000256	日本	55	H4	2001051096342000446	英国	80
L10	1996051045232000267	韩国	55	H5	1996035335332000017	新加坡	90
M1	2001051096351000754	俄罗斯	60	H6	1996035335402000120	印尼	95
M2	1996051045251000269	日本	70	H7	1996051046341000373	英国	95
M3	1996051046331000309	意大利	60	H8	1996051045252000001	日本	85
M4	2001051096102000373	法国	60	H9	1996051046342000006	英国	85
M5	2001051095062000644	巴基斯坦	65	H10	1996055295292500153	泰国	85
非材料作文							
L11	1996041245232000006	韩国	55	L20	2005052045252000046	日本	55
L12	2005045345332500078	新加坡	55	L21	1996108015191000007	马来西亚	55
L13	2004051095232000836	韩国	55	L22	2005051095251014415	日本	55
L14	2004051095251012457	日本	55	L23	1996105505232900050	韩国	55
L15	1996041245232000133	韩国	55	L24	2002095505232500048	韩国	55
L16	2004051095251011848	日本	55	L25	2002095505232500139	泰国	55
L17	2002052065252000037	日本	55	L26	1996105505232900077	韩国	55
L18	1996105505232900009	韩国	50	L27	1996105505232900087	韩国	55
L19	2005051095252000276	日本	55	L28	1996105505231900046	韩国	50

（续上表）

非材料作文							
编号	语料编号	国籍	分值	编号	语料编号	国籍	分值
L29	199610550523190024	韩国	50	M30	200405204635200366	俄罗斯	75
L30	200209550523150975	韩国	55	H11	199511543634100506	英国	95
M11	200310576525100056	日本	60	H12	199511543634200508	英国	85
M12	200405109523200354	韩国	75	H13	199511543634100510	英国	90
M13	199604124523200015	韩国	65	H14	199511543634100512	英国	85
M14	199604123523100504	韩国	65	H15	199511543634100515	英国	85
M15	200205209540200078	印尼	65	H16	199511543634100517	英国	90
M16	199511543634200519	英国	75	H17	199511543634200518	英国	80
M17	200205204525100005	日本	60	H18	199511543634200520	英国	80
M18	200205201525100072	日本	65	H19	199511543634200522	英国	90
M19	199604123529100273	泰国	65	H20	199511543634200525	英国	90
M20	200505109525200410	日本	70	H21	199511543634200539	英国	85
M21	200505109525100582	日本	70	H22	199511543634100543	英国	90
M22	200505204525100123	日本	70	H23	199511543634200548	英国	90
M23	200505109525100415	日本	70	H24	199511543634200564	英国	85
M24	199610801801200004	澳大利亚	75	H25	199511543634200570	英国	90
M25	200405204525100339	日本	75	H26	200210543634250003	英国	85
M26	200505109634201470	英国	65	H27	199810801534250020	英国	80
M27	200405201801100337	澳大利亚	75	H28	200310576525100040	日本	80
M28	200210540540250095	印尼	75	H29	200405109922200805	美国	95
M29	200405109523101809	韩国	75	H30	199511543501200528	中国	80

在偏误的认定上，我们采用对比分析的方法，以筛选后的 15 篇母语者同题议论文和《发展汉语·高级写作》（Ⅰ、Ⅱ）教材中的 12 篇议论文范文为参照，对比分析留学生议论文在篇章结构和衔接方面与母语者篇章表达上的异同，凡是不符合母语者篇章表达习惯的，都认定为偏误。

为使母语者同题作文具有参考性，笔者首先请 60 名高中生分别写作了与留学生作文要求相同的材料作文《由"三个和尚没水喝"想到的……》和非材料作文《如何看待"安乐死"》，写作时要求母语者严格按照 HSK 考试要求进行写作，然后邀请 3 位具有 3 年以上教学经验的高中语文教师分别进行评估，最终选出 15 篇质量较好的汉语母语者议论文，和范文一起作为判定偏误的参照。

另外，我们之所以选择写作教材中的范文作为参照，主要是因为它们是经由编者筛选后的"范本"，一定程度上代表了现代汉语议论文的写作标准。除此之外，范文是写作教材的有机组成部分，来自教学第一线，又直接运用于教学第一线（刘珣，2000），对留学生写作有着最为直接的影响。本章议论文范文选自岑玉珍编著的《发展汉语·高级写作》（Ⅰ、Ⅱ）中"范文讨论与学习"部分，兼顾材料作文和非材料作文两种类型，结合"本课写作知识要点"，最终筛选出 12 篇议论文范文（见表 4-2）。

表 4-2　12 篇议论文范文标题

范文标题	范文标题	范文标题
家庭变小，影响环境	英国记者卡特的新闻照片	对一个"环保事件"的看法
生活需要挑战	失败是好事还是坏事	谈谈友谊在生活中的地位
幸福感与经济发展	宽容之心和教育艺术	自信是事业成功的条件
取得成功的因素	谈谈歌曲《月亮代表我的心》	电视是不是"谋害"阅读兴趣的凶手

4.2　篇章结构偏误分析

廖秋忠（1992）基于篇章语言学的视角，首次提出了"论证结构"的概念，他认为一个论证结构由核心部分和外围部分组成，核心部分包括"论题"（P）和"论据"（E）。"论题"是"真实性需要证明的命题"，一般是一个"带有价值判断的陈述句"；"论据"是"立论的根据"，广义上讲，与论题之间构成因果关系，证明论题的内容皆可视作论据；"论题"和"论据"是"论证结构的核心部分，缺一不可"。外围部分是指"引论部分"（Ⅰ）和"结尾部分"（C），"引论部分"一般交代"论题产生的背景、缘由"，"结尾部分"通常是"重述论题或是概括论据并重复论题"。廖秋忠的研究是从语言学的角度探究汉语议论文篇章结构的重要成果（宋璟瑶，2015），因此，本章以廖秋忠的研究结论和研究方法为基础，对 90 篇留学生议论文的篇章结构进行考察。调查发现留学生篇章结构上的偏误表现在引论、本论和结尾各个部分，并可以进一步细分为缺少引论、引论过长、论点不明、缺少论据、缺少结尾、出现游离成分 6 种类型。以同样的方式考察汉语母语者议论文，结果发现除 2 篇论证结构上表现出缺少引论的非典型性外，其余 13 篇均符合"引论—本论—结尾"的典型论证结构，这一对比结果进一步揭示了留学生议论文中的偏误现象。

表 4-3　篇章结构偏误类型统计　　　　　　　　　　　　　　　单位：篇

作文分值	引论部分		本论部分		结尾部分	其他
	缺少引论	引论过长	论点不明	缺少论据	缺少结尾	出现游离成分
<60 分	6	4	6	3	14	5
60~80 分	9	1	6	1	11	3
≥80 分	5	0	2	1	9	1
合计	20	5	14	5	34	9

由表 4-3 可知，随着分值的增高，偏误数量总体上均呈现出递减的趋势，其中"引论过长""出现游离成分""缺少论据"三种偏误类型在"≥80 分"这一分数段中已极少出现，"缺少结尾"这一偏误类型的数量在三个分数段中均占比最高，并且变化幅度较小，这说明"引论过长""出现游离成分""缺少论据"等偏误类型随着学习者汉语水平的提高会逐渐消失，"缺少结尾"这一偏误类型则表现出"化石化"的倾向，未在议论文写作学习过程中得到有效纠正。

4.2.1　缺少引论

引论的功能在于引出论点，内容上经常提供论题产生的背景、缘由（廖秋忠，1992）。"缺少引论"这一类型约占偏误总量的 23%，具体表现为两种形式：一种是篇章开头直接点明论点或展开论证，没有引入论点这一步骤；另一种是引论部分的引入方式错误，没有起到引出论点的功能。"缺少引论"使篇章呈现出话题不知所起、语义转接生硬等问题。

该偏误类型在材料作文和非材料作文中表现出不同的特点，材料作文引论部分的常见写法是引述材料中与话题相关的内容，加以分析评价，进而推导出文章的论题，"材料"既是论点产生的原因，同时又具有论据的功能。88% 的留学生材料作文具有"引材"意识，但有些学习者对材料的功能缺乏充分的认识，写作中将材料视作所写文章的一部分，出现错误"引材"的问题。如：

（1）这个故事告诉我们，人喜欢靠别人，自己不愿意花力气，后来没有得到利益。

这个故事虽然旧了点儿，但是还值得看。因为这样的故事，在我们现代社会上还能看得出来。（L6《由"三个和尚没水喝"想到的……》）

这篇文章开头第一句便使用指示代词"这个",至于"这个"所指代的内容,无从索引。文中"这个故事"的指称形式只有在和材料绑定的前提下才能成立,但是材料作文中材料不是所写内容的组成部分。此类表述使文章失去了独立性,读者难以理解文章立论的根据,对论点的得出同样一头雾水,因此引论部分不具备应具有的功能。除此之外,有的作者既未明确引述材料,又未对材料和论点间的关系分析过渡,直接亮出观点,材料自始至终不在文中出现。如:

(2)通过这个故事,我们能想到缺乏让步精神会导致不好的结果。

我们做什么事情时,经常只是站在自己的立场看问题。但是,在这个社会里,我们绝对不能自己一个人生活下去。有时需要别人的帮助,有时自己要给别人提供帮助,所以我们不应该认为只根据自己的想法判断是对的,而反过来想一想"如果我是在对方的处境,那么我要怎样做的呢?"

这样,大家在提出自己的意见以前,先考虑对方的处境、立场,我们在日常生活中会减少争吵、纠纷,而且这个社会会更加美好。(L10《由"三个和尚没水喝"想到的……》)

该文未对引论与论点之间的语义关联进行交代便由"这个故事"直接得出了"缺乏让步精神会导致不好的结果"这一结论,然后对结论进行分析论证,全文没有涉及对材料的分析推理。如果说例(1)中的"人""别人""力气"等词与材料还有着间接的对应关系,材料与论点之间还有着"分析材料"这一过渡环节,例(2)则完全独立于材料,这样的写作方式容易导致文章跑题、偏题等议论文中较为严重的问题。事实上,例(2)的立意确实对所给材料引申过度,但"三个和尚没水喝"的局面与"让步精神"之间没有因果关联,该文的立意偏离了所给材料。

另一类"缺少引论"的表现是学习者没有"引材"意识。如:

(3)人是社会的动物,社会的动物应该具备什么样的条件呢?那就是公众道德。为了各自的方便,各自的利益,各自的目标,如果忽视自己应完成的任务而放弃社会道德,那和动物有什么区别?(L4《由"三个和尚没水喝"想到的……》)

"三个和尚没水喝"是全文的背景材料,文中首段将话题限定为"公众道德"，直奔中心，蕴藏着"人应该具备公众道德"这一论点，但如何从所给材料中得出这一结论，作者立论的落脚点是什么，无从知晓。这种写作方式和例（2）存在同样的弊病。

反观汉语母语者议论文，正式提出论点前常以相关话题为引子，材料作文更是这样，我们调查的 7 篇材料作文均以简述材料的方式作为引论内容引出话题，以其中一篇为例：

（4）在中国，"三个和尚"的故事可谓家喻户晓，上至八十岁的老汉，下到三岁的小孩，都能说出个一二来。我个人对于三个和尚最后的结局深感惋惜，相信不少人也有同感吧，从这个故事里，我深深了解到了"齐心，方可共赢"的道理。（《由"三个和尚没水喝"想到的……》）

引论部分首先说明"三个和尚"的故事广为人知，故不再赘述故事情节，接着强调三个和尚的结局，引发读者思考，表达自己对故事内容的感受，进而表明观点态度。开头关于故事背景的表述是"引论部分"，是话题的起点也是论点的有力佐证，引述材料的做法使内容逻辑上互相衔接，过渡自然，末尾有理有据地树立了全文的观点。

而且，我们发现同样是对材料的引述，立论的角度不同，汉语母语者对材料的处理方式也有区别。如：

（5）一个和尚挑水喝，两个和尚抬水喝，三个和尚没水喝，这个故事向我们说明了实践中制定制度的重要性，如果不将责任具体到人，没制度作保证，人多反而办不成事。三个和尚为什么没水喝？因为三个和尚属同一种心态，都不想出力，想依赖别人，在挑水的问题上互相推脱，结果谁也不去取水，以致大家都没水喝。其实，三个和尚也可有水喝，只要稍加组织，订立轮流取水的制度，责任落实到人，违者重罚，这样人人都能有休息的机会，劳逸结合，还能每天有水喝。（《由"三个和尚没水喝"想到的……》）

这篇文章引论部分对材料的分析更为具体，立意也更加新颖。"三个和尚"的故事家喻户晓，体现得最为直接的关键词是"团结""协作"，这也是关于这则材料的常见立意。但上述文章另辟蹊径，从"制度"层面分析材料，重点对比了有无制度下的两种结局，材料既是引论又是论据，这样的处理方式证明了引论与话题、引论与论点间密不可分的承继关系，体现了引论引出话题、佐证观点的重要作用。

和材料作文相比，非材料作文中"缺少引论"的现象相对较少，在90篇考察对象中，非材料作文共有60篇，其中12篇缺少引论部分，占语料总量的20%。如：

> （6）我是从三岁起到现在一直踢足球的。那我为什么那么早就开始踢足球呢？因为我父亲就是国内的足球选手，所以他希望我也长大以后当一个足球选手。说实话，我不太记得刚开始的时候怎样踢的，只记得每天他下班以后，带我出去踢足球。那个时候他的要求只是把足球看作一种玩具，每次踢得好玩就行。然后我一下子就迷上了足球。
>
> 我开始踢足球后，他就退休了。然后组织了一个小孩队。当然教练是我父亲。到初中毕业我都属于他的队。我下课就去操场练习。
>
> 我上了高中以后突然改变环境，第一次离开父亲参加了学校的俱乐部。那个俱乐部是在我国国内很有名的一个。我遇到了很多苦难。可是每次他给我帮助。然后我们的队终于得到了"全国第二名"。
>
> 如果我父亲没有踢过足球，我也许不会踢。我不会得到光荣。
>
> 我觉得父母的影响力还是最大。父母就是最好的老师。（M21《父母是孩子的第一任老师》）

例（6）开篇回忆自己踢足球的经历，讲述这一过程中父亲对自己的影响，与后文的论题构成因果关系，是证明论点的论据部分，话题的提出没有经过"引论"的铺垫。开篇阐述论据，使得文章论点迟迟未能明确，不能使读者迅速理解文章的写作目的，削弱了论据的说服力，同时也容易导致偏题、离题的问题。

考察汉语母语者议论文中的非材料作文，各篇均包含引论部分，引出论点的方式主要有解释概念、类比联想、名言导入、破立结合几种类型，从与话题相关的内容恰当过渡至话题，佐证全文的观点。如范文《失败是好事还是坏事》，同样以论据的形式引出论点：

> （7）我从小就听到过这样一些历史故事，这些故事让我得到启发：失败并不就是坏事。
>
> 中国古代的越王勾践在失败之后，没有放弃，卧薪尝胆，终于打败了吴国。英国将领威灵顿先后被法国拿破仑打败六次，但他毫不气馁，

终于在滑铁卢战役中洗去耻辱。伟大的发明家爱迪生，一生的失败更是不计其数。他曾为一项发明经历了 8 000 次实验的失败，却并不认为这是浪费精力、时间，相反，他认为这 8 000 次失败使他明白了一个道理：这 8 000 个实验是行不通的。

文章开篇介绍论点产生的根据是"一些历史故事"，故事是论点产生的源头也充当了论点的论据，第二自然段交代故事内容，关于故事内容的记叙均采用突出与论点相关部分、简要概括的方式，一句一例。与例（6）相比，范文对事实论据的处理与论点间的语义联系更加紧密，引论部分简洁直接，起到了铺垫并证明观点的作用。

引论是篇章展开的第一步，材料作文引述材料导出话题的方式明确了材料与论点之间的关联，有利于避免脱离写作要求写作的问题；非材料作文引出论点的方式丰富多样，利用引论可以快速入题。"缺少引论"会使篇章出现缺少衔接、偏题、跑题、论点不明等问题。通过以上的对比分析可以看出，为保证立意的准确、观点的合理、逻辑的衔接，针对议论文"引论部分"的教学和纠错是十分必要的。

4.2.2　引论过长

"引论过长"是指引论篇幅在全文中占比过高，一般情况下，开始写作时，根据题目性质，作者需对各结构部分的篇幅进行预估。廖秋忠（1992）所分析的 7 篇语料中，除 1 篇没有引论外，其余 6 篇的引论均只有一句话，他虽然没有对引论长度明确进行规定，但已说明引论部分不宜过长，同时，本章所考察的汉语母语者议论文中，引论篇幅最长的篇章字数上不超过全文的 40%。

在材料作文中，"引论过长"问题一般表现为作者对所给材料进行了细节化的扩充，使用联想和想象的创作手法丰富情节、设计人物对话、加入细节描写等。这种写作方式首先背离了材料作文提供材料的目的，其次使得引论喧宾夺主，妨碍了议论文说理功能的实现，甚至模糊了文章的体裁，是一种典型的偏误类型。如：

（8）古时候，有一座庙在某座高山上。那儿有一个和尚，为了活着没办法要到山底下自己挑水喝。这个时候，又来了一个和尚。原来的和尚很高兴，还有一个人，他不是孤单的而且不是每天要到山底自己一个人挑水喝。于是两个人就抬水喝。过了一段时间，又来了第三个和尚。第一个和尚和第二个和尚觉得第三个和尚是新来的，肯定会帮助他们。可是新来的和尚不是这样的人。他认为自己是新来的，周围都是陌生的，原来的两位和尚肯定会为他提供生活方面的帮助。这样生活起来，谁也不愿意抬水喝，都把抬水的责任推到别人的身上。第一个生气地说道："我是这儿的老大，你们应该听我的话，各个方面都有规则，关于供给水的问题我来决定。你们俩轮流着抬水吧。"听到这些话，第二个和尚跟第三个和尚很不高兴，心里想哪里有老大，这不是佛门吗？都是平等的关系。他们最后不听第一个和尚的话。

又过了段时间，已经没有了水，三个人都一动不动地希望别人去山下抬水，可是谁去山下呢？人多了，反而没有水喝了。

三个人的最后结果呢？他们肯定要再想更好的方法解决这个问题。现实中也常常发生这样的事情。人多了，可是效率方面上却没有更好的结果。为什么呢？每个人都想自己的利益，不想别人的情况。我们以后要注意这个教训。(L7《由"三个和尚没水喝"想到的……》)

作者叙述材料时运用联想和想象的手段进行了详尽的扩充，加入了大量的心理描写和语言描写，使得引论部分字数上占到了全文的五分之四，本应大书特书的"本论"篇幅过于简短，使得"引论"喧宾夺主，导致"三个和尚"内容量多于"想到的……"。全文重心不突出，中心不明确，不符合命题要求。
反观母语者同题议论文对材料的处理：

(9) 在中国，"三个和尚"的故事可谓家喻户晓，上至八十岁的老汉，下到三岁的小孩，都能说出个一二来。我个人对于三个和尚最后的结局深感惋惜，相信不少人也有同感吧，从这个故事里，我深深了解到了"齐心，方可共赢"的道理。

因为"三个和尚没水喝"是中国传统故事，广为人知，更为阅卷老师所熟知，所以作者在引述材料时没有复述故事，而是用"三个和尚"四个字带过故事始末，对材料的处理中突出了"对于三个和尚最后的结局深感惋惜"这一点，将写作重点放在了对故事的感悟上。这样的处理方式照应了标题对写作内容的要求，并自然地点明了文章的论点。
在非材料作文中，"引论过长"的现象较为少见，通常表现为围绕论题或论点的相关内容泛泛而谈，引论和论点间的语义距离过大，导致引论篇幅较长，论点出现较晚。如：

（10）"代沟"，指的是什么呢？是两代人之间在行为方式、生活态度以及价值观念等方面存在的差异。在我们这个社会里总是存在"代沟"问题，晚辈与上一辈的沟通与交流非常困难，而长者却抱怨晚辈非常不听话，难以管教。那么，两代人之间存在的"代沟"问题如何解决呢？下面谈谈我的看法。

两代人之间存在的"代沟"问题是在我们这个社会里不能避免的。因为两代人成长的生活环境不一样，所以两代人生活态度、价值观念都有差异。上一辈在以前经济困难的生活条件下肯吃苦、爱节省，可是晚辈在比以前更好的生活条件下成长，他们不肯吃苦，特别是爱享受。这是一方面的问题，第二方面的问题是年轻人喜欢新潮流，容易接受新生事物。可是长辈不喜欢新潮流，那么怎样解决呢？我们应该互相理解，互相帮助，互相学习各方面的优点，克服自己的缺点。（L26《如何解决"代沟"问题》）

按照题目要求，该文的写作重心应该是回答"怎么办"的问题，该文引论部分介绍了"代沟"产生的原因，贯穿于篇章的始终，全文仅有最后一句照应写作要求。并且仔细推敲引论部分的语义，第一段和第二段的大部分内容是重复的，均是对"代沟"原因和表现的陈述。该文引论部分过长，造成全文产生语义重复、文不对题的情况。

综上所述，引论部分是议论文篇章不可或缺的重要组成部分，篇幅上应该和全文协调一致，语义上要和引出的论点紧密相关。对材料进行添枝加叶的描写不符合引论部分的写作要求，为避免此类偏误，从篇幅比例角度对留学生引论部分进行写作指导是必要的。

4.2.3　论点不明

"论点不明"是指本论部分没有关于论点的明确表述。本论部分是论证说理的核心部分，首要目的在于利用论据论证论点，使读者信服（孙元魁、孟庆忠，1992），如果只有命题没有论据，那么这个命题只是个陈述而不是论题（廖秋忠，1992），不具有说服力。在我们的调查中，"论点不明"这一偏误类型共计 14 篇，约占偏误总量的 16%，其中材料作文与非材料作文中各有 7 篇，各约占总量的 23% 和 12%。

留学生语料中的"论点不明"问题可以分为两种情况：一种是全文的论点只有一个，但文中并没有直接表明论点的核心句；另一种是全文的论点不止一个，但论点相互之间没有关联，全文没有中心论点或中心论点不明确。如：

（11）"安乐死"究竟可不可取呢？是一个人们争论不休的问题。讨论这个问题，我们必须先要知道它的意思。"安乐死"的意思是指病人在自己的要求下，由其他人帮助他自杀即是不自然的死亡。

有人会觉得帮助患重病，如不治之症的人"安乐死"是基于人道立场，总比每天看着病人被恶病缠绕又知道是不能痊愈的好。但也有人持相反的意见，认为只要病人未逝世，总有希望可把他救回，毅然帮他自杀，是剥夺了他生存的权利。在现今的法律上也不容许这样做的，即使法律容许，试问怎样才能区别谋杀与协助他人"安乐死"呢？

所以在"安乐死"究竟可不可取这个问题上实在难以给出一个肯定的答案。（M16《如何看待"安乐死"》）

该文交代了关于"安乐死"的两种不同看法，但是列举了别人的看法后没有表现出自己的倾向，并且全文自始至终没有表达自己关于论题的意见。其他人的见解能使文章看待问题的角度更加全面客观，但明确自己的看法才是议论文写作的关键。该文的"论点不明"表现为论点的缺失，廖秋忠（1992）认为论据的前提是论题，论据因论题而有意义，没有论题的"论据"只能看成事实的罗列或推理的过程，该文便存在这样的问题。论点是议论文的主帅，是灵魂，没有明确的论点直接否定了文章的写作意义，并且将论点隐藏在论据中，不加以明确就不能发挥论据的功能，令读者对论点一知半解，是不可取的。

另一种"论点不明"的情况是，文中出现了两个以上的论点且各论点之间彼此没有关联，不分主次，造成全文中心论点不明的问题。如：

（12）当一个人看了这篇短文时，会耻笑这三个和尚。这故事是比较幽默，可是它表现了我们日常生活当中能碰见的问题，而这种问题实际上毫无幽默性。

人的本性是自私的，可是我们当中有很多乐于帮助他人的人。这种人值得我们学习，但可惜的是，很多人爱占别人的便宜，而又生怕自己吃亏。这种局面产生"谁也不行动"的问题。从小的方面来看，这样影响我们每天工作学习的日程；从大的方面来看，会耽误社会发展进程。

　　这个问题也能体现人的懒惰心理和至高无上的骄傲神态。自己渴了自己下山抬水有什么困难的？要是每一个人都懒得维持自己的生活需要，那么我们大家就别想活了。

　　从另一个方面看，帮助别人也能为自己好。我们生活在一个人靠人的社会里，无论是吃、穿、住、行都是靠别人的功劳而实现的。要是没有这种帮助，我们自然是维持不了自己的生活。

　　总的来说，这种问题显而易见是比较严重的。我们依靠别人也要和自己的功劳相结合，这样我们都"有水喝了"。（M9《由"三个和尚没水喝"想到的……》）

该文本论部分的结构框架可以表示如下（见图4-1）：

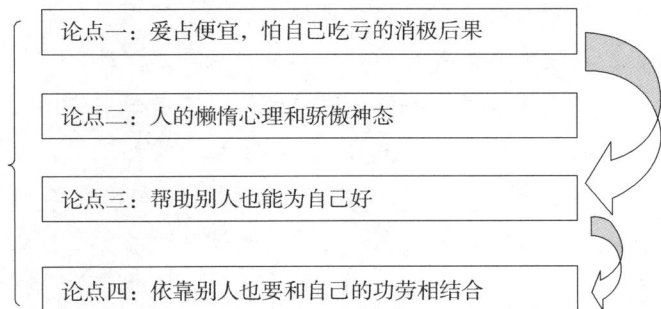

论点一：爱占便宜，怕自己吃亏的消极后果

论点二：人的懒惰心理和骄傲神态

论点三：帮助别人也能为自己好

论点四：依靠别人也要和自己的功劳相结合

图 4-1　结构框架

　　例（12）中的四个论断，论点一与论点三之间存有语义上的对照关系，表现出正反对比的并列逻辑，但论点二直接从原材料中得出，语义上与上下文没有任何关联，文章结构混乱，逻辑松散，缺乏能够统摄全文的核心观点。

　　在实际写作中，论题内涵丰富，作者为佐证自己的论点，会从不同的角度进行论证，围绕中心论点设置分论点，但分论点是从属于并且服务于中心论点的，中心论点与分论点之间是上下层级的关系，不能从材料出发设置分论点。同时各分论点间应符合一定的逻辑规律，结构上呈现出层层递进或相互并列的关系，通过缜密的论证将中心论点讲透彻。

　　以《发展汉语·高级写作Ⅱ》范文《取得成功的因素》为例：

（13）成功的目标有大有小，但不管大的成功还是小的成功，都不是偶然的。一个人不可能整天吃喝玩乐、无所事事，老天爷还会赐给你一个成功。古今中外，所有的成功者，没有不经过艰苦的努力奋斗，就取得成功的。明代的李时珍，是中国古代最有名的医生，他走遍了千山万水，走访了千家万户，参考了历代有关医药的书籍800多种，才写出了《本草纲目》这本代代相传的医学著作，为中医中药的发展做出了极大贡献。

生活中，有的人取得了成功，有的人却屡屡失败。有人把这归于运气，有人把这归于努力。这里面肯定有些可以探讨的东西。我认为以下的几个因素对于成功来说是不可忽视的：

一、有明确的目标。只有明确了目标，才能分清主次，只有知道自己最想做的事是什么，才会向这个方向努力。试想，一个人连目标、方向都没有，别人做什么自己就跟着做什么，怎么可能取得成功呢？

二、做好计划。有计划才能使目标一步一步实现，如果一个人只有一个大目标，而没有具体可行的计划，目标也会落空的。

三、对于现代人来说，要学会珍惜时间，不浪费宝贵的时光。每个人的生命、时间和精力都是有限的，除非主动安排好时间，否则计划可能会落空。同时，取得成功的过程是艰苦的，需要大量工作时间的投入，而轻松的娱乐生活就老是在引诱你。如果时间浪费了，成功也可能被错过了。

该文本论部分的逻辑框架和上例相同（见图4-2）：

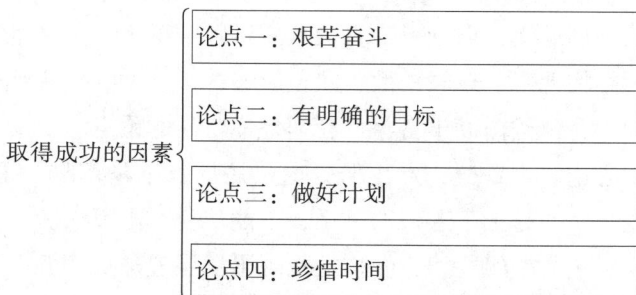

取得成功的因素
- 论点一：艰苦奋斗
- 论点二：有明确的目标
- 论点三：做好计划
- 论点四：珍惜时间

图4-2　取得成功的因素论点

成功的因素不止一个，因此该文的标题内涵丰富，并且应该从较多角度展开。从文中的序列词可以看出，该范文共有四个分论点，各个分论点之间没有概念和意义上的交叉，都是取得成功的充分条件，彼此之间构成并列关系，这篇文章核心论点集中明确，共同解决了"怎么办"的问题。

论点鲜明是实现议论文功能的首要条件，理论上讲一篇议论文的论点可以不止一个，但各个论点表达的中心思想必须集中，也就是说核心论点有且仅能有一个，内涵或外延比较丰富的话题可以根据话题特点从互不交叉的角度设置多个分论点。但需要注意的是分论点以中心论点为统帅，彼此之间符合一定的逻辑规律，不能相互孤立，否则不仅不会为文章增色，反而会使文章逻辑混乱、语义零散，模糊真正要表达的意思。

4.2.4　缺少论据

论据是证实论点的依据，它回答了"为什么"的问题，是论点的支撑材料，和论点构成因果关系，因此，从广义上讲，凡是能够证明论点的均可以称为论据。按照廖秋忠（1992）的研究，"论题+论据"是判定论证结构的依据，缺少论据的论题不能称为论题，只能称为陈述，单凭陈述无法形成议论文，论据是议论文文体必不可少的元素。

留学生议论文语料中"缺少论据"的偏误语料共有 5 篇，约占语料总量的 6%，其中材料作文中仅有 1 篇，约占语料数量的 3%，非材料作文中共有 4 篇，约占语料数量的 7%。材料作文与非材料作文间之所以表现出偏误数量上的悬殊，主要是因为材料作文中材料是论点的来源，同时往往兼具证明论点的作用，具有论据的功用，尤其是寓言故事类的材料，非材料作文则不具备这一优势。下面我们分别结合语料加以说明：

（14）从小时候起，我就对福利活动很感兴趣。以前我参加过菲律宾孤儿院的福利活动。虽然我们为孩子们捐款，帮助他们建房子，可是孩子们给了我们更多东西。那些东西是心理方面的。我发现这样的活动就是我原来想做的事。后来我决定在中国还要坚持下去这样的活动。来到中国以后我拼命地寻找孤儿院。中国人谁都不知道孤儿院在哪儿。后来我找到了一个特殊的孤儿院。寒假的时候，我在那儿跟孩子们一起生活。他们完全不是孤儿，他们都有父亲或母亲，但父母都在监狱服刑。没有人照顾他们，所以他们被送到那儿。他们有了饭，有衣服，能上学，但说不上幸福。

我觉得中国人没有兴趣，也可以说不知道有这样的情况的人。原因是信息不公开。不公开这样的地方，如果有兴趣，想帮助的人出现，但是不知道在哪儿，那没办法。人与人之间应该互相帮助。中国是世界上最大的国家，能提供帮助的人也多。个人只顾自己，那样一定会造成"三个和尚没水喝"的。（H3《我由"三个和尚没水喝"想到中国人对福利活动的看法》）

该文由原材料联想到福利活动，从表达方式上看叙议结合，第一段交代了产生参与福利活动想法的原因以及中国福利活动情况，第二段对中国人很少知道和参与福利活动的原因进行思考，最后得出结论"个人只顾自己，那样一定会造成'三个和尚没水喝'的"。这句话简洁明确地表明了自己的看法，但内容上与一、二段之间无关，全文没有与论点相匹配的论据，造成该论点独木难支，缺乏说服力的情况。

4.2.5　缺少结尾

结尾部分的内容一般是对全文内容的概括，议论文的结尾往往重申论点，或提出问题的解决办法；结构上收束全文，议论文强调逻辑的严密性，因此结尾内容要和上文语义衔接一致，不能节外生枝；篇幅比例上，结尾应和引论相当，当止则止，简明扼要。留学生语料结尾部分在篇幅比例上表现较好，但就统计结果而言，"缺少结尾"是篇章结构中最为突出的问题，占结构偏误总量的38%。许多学习者没有设置独立的结尾部分这一意识，以论据或对某一分论点的论证作结尾，语义未尽时戛然而止，这和母语者的议论文写作模式有很大区别。如：

（15）父母对孩子的影响力的确很大。孩子与父母接触的时间占孩子生活很大的比例，同时其程度也很深。出生之后，孩子还不知道社会上的规则和习惯，一般看周围的人怎么做，自己试着做。所以父母的角色很重要。

按我的经验来说，父母的影响还是十分大的。尤其是生活、道德的好坏标准是由父母教的东西而形成的。

有的人认为，父母在学习的初步阶段也起了重要的作用。孩子上学时，在家里当辅导等的行为对孩子的学习成绩起了不可忽视的作用。我觉得很多中国人这么认为的。不过我个人不太重视这方面的父母的作用。因为我父母在家里从来没帮过我的作业的忙。（L19《父母是孩子的第一任老师》）

该文末尾以论据作结，对"有的人"的看法提出反对意见，充当末尾观点的反面论据。从整体上看，文章缺少结尾部分。

典型论证结构为突出论点，结尾一般会重申论点或以回答"怎么办"等内容的形式出现。"缺少结尾"使文章缺乏宏观上的总结，造成议论文结构不完整、语义不严谨的问题，影响说理效果。

4.2.6　出现游离成分

议论文强调结构的严谨性，句与句、段与段之间要具有语义上的关联，层次上的逻辑关系。当个别句段与上下文内容上没有关联，既不属于论证结构中的"核心部分"也不属于"外围部分"时，称其为"游离成分"（宋璟瑶，2015）。"游离成分"可以看作篇章中的"误加"成分。如：

（16）有三个和尚，却没有人去山底抬水，于是没有水喝……这传说虽然古老，但其内容却与我们现代生活有着密切的联系。

人类的生活单位为社会，也可以说，社会的存在是人类在地球上生存下来的主要原因之一。那么，为什么社会利于人类的生存和发展？是因为社会的基本原则就是互相支持，互相帮助。或者，引用毛主席的话，每个社会成员的义务就是"为人民服务"。我们把这个道理能理解到什么程度，这得看我们每个人的品德和良心……

听起来，"为人民服务"这个生活标准很难达到。但我认为这样的理解是不全面的，片面的。"为人民服务"这个思想至少有两层含义：一个是在自己的生活中尽量地帮助别人，另一个是为了帮助别人而忘记自己的利益，甚至不顾生命牺牲。从第二个角度来讲，能够达到这个标准的人很少。我们把他们叫做烈士或者神仙……

但如果从第一个角度来研究这个问题，帮助别人、原谅别人这个标准是我们每个人可以体现在日常生活中，不仅可以体现，而且应当体现。

否则，我们会像传说里的三个和尚，等着别人为我们做事，孤独地生活在高山上。（M1《由"三个和尚没水喝"想到的……》）

例（16）第二段首句表明观点，接着回答"为什么"的问题，运用道理论据进行论证，"或者，引用毛主席的话，每个社会成员的义务就是'为人民服务'"与上句"社会的基本原则"之间是阐释关系，但"我们把这个道理能理解到什么程度，这得看我们每个人的品德和良心"一句和上文之间没有关联，接着作者也未对新出现的"这得看我们每个人的品德和良心"这一论断进行解释，与上下文语义无关，对论证没有帮助，是游离成分。第三段的最后一句出现了同样的问题，"我们把他们叫做烈士或者神仙"与上下文无关，也属于"游离成分"。

"游离成分"的出现反映出作者的篇章组织能力还有待提升，它干扰了读者的阅读视线和理解方向，使文章结构松散，中心涣散。一篇文章多处出现"游离成分"会造成语义不集中、逻辑混乱等问题。

4.3 篇章衔接偏误分析

张德禄、刘汝山（2003）指出篇章各部分之间起码要具有三种关联性才能基本保证篇章整体的连贯，即语义关联性、主题关联性、语境关联性。语义关联性是指组成篇章的各部分之间要有意义的联系；主题关联性是指组成篇章的各部分都符合语篇总主题的要求；语境关联性是指组成篇章的各部分都和篇章产生的情景，即社会文化、交际意图等因素，融为一体，共同实现篇章的功能。本节将综合语义、主题、语境三个方面的关联性判定篇章衔接的偏误情况。

但是，议论文是以议论为主要表达方式，同时兼有记叙、描写、说明等表达方式的综合性文体。因此篇章衔接上也表现出综合性的特点，尤其是词与词、句与句之间的衔接连贯，这使得按照传统衔接偏误分析的方法难以直观地体现议论文的文体特点，不能反映出衔接偏误对议论文产生的影响。因此，本章从衔接偏误对议论文各功能部分产生的影响出发，按照"引论""本论""结尾"的写作顺序，将篇章衔接偏误归纳为引论与论点无关、论据与论点无关、分论点之间无衔接、结尾与论点无关四大类型，"无关"即"没有语义关联""缺少衔接关系"的意思，这样的分类方式从各功能部分出发，直观地表现出衔接偏误导致各功能部分丧失应有的功能，使篇章展开过渡生硬、论证缺少逻辑、语义松散，最终导致议论文缺乏说服力。

表 4-4　篇章衔接偏误类型统计　　　　　　　　　　单位：篇

作文分值	引论部分	本论部分		结尾部分
	引论与论点无关	论据与论点无关	分论点之间无衔接	结尾与论点无关
<60 分	2	10	3	4
60~80 分	2	12	7	6
≥80 分	0	5	1	1
合计	4	27	11	11

从表 4-4 可以看出，四种偏误类型中除"引论与论点无关"外，其他三种数量上随着分值的升高均呈现出"先增后降"的变化态势。"论据与论点无关"是议论文篇章衔接最为常见的偏误类型，约占衔接偏误总量的 51%；"分论点之间无衔接"和"结尾与论点无关"数量相同，分别约占衔接偏误总量的 21%；"引论与论点无关"的偏误类型相对最少，约占衔接偏误总量的 8%；另需要说明的是，在我们调查的 90 篇留学生议论文语料中，具有结尾的共计 53 篇，因此"结尾与论点无关"约占"具有结尾"篇章数量的 21%；"引论与论点无关"约占"具有引论"篇章数量的 6%。由此可见，"结尾与论点无关"这一偏误类型多于"引论与论点无关"这一类型。

衔接偏误造成的最终影响是削弱了论点的说服力，具体到各结构部分主要表现为各部分不具备应有的功能，如引论不能引出论题、论据不能支撑论点、结论与上文无关等，这和篇章展开过程中错用指称衔接，偷换议论对象；错用连接衔接词，混淆连接语段的逻辑关系；错用词汇衔接，导致语义偏离中心论点；错用省略衔接，模糊语段意义等情况有关，功能的不同决定了这三部分中的篇章衔接偏误表现出不同的特点。

4.3.1　引论与论点无关

引论的功能在于引出论点，语义目的明确。有学者将其概括为"信息性"和"趣味性"，"信息性"是首要目标也是基本目标，引论部分要告知读者写作本文的背景信息，合情合理地引出论点，因此一般表现为从笼统信息向具体信息过渡的语义走向，大部分呈现出倒三角形结构，如图 4-3 所示：

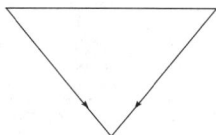

图 4-3　倒三角形结构

例如《发展汉语·高级写作（Ⅰ）》范文《家庭变小，影响环境》的引论部分（分析见图4-4）：

（17）目前，在世界范围内，几代人同在一个房子里生活的情况正在不断地改变，三四口之家、单亲家庭、独身者越来越多了。人们对这种现象看法不一，有人认为，这是人类文明的进步，有人担忧，认为人们之间的感情越来越淡薄，极端个人主义日益严重。同时，因为家庭变小，环境受到破坏的问题也更严重了。

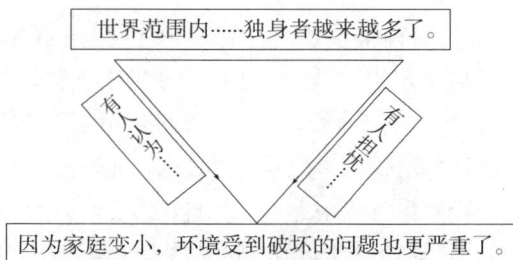

图4-4　例（17）引论与论点分析

引言部分能够引出写作对象，是因为引论开始部分的笼统信息中包含着具体信息，写作对象是写作背景的原因之一或者结果之一或者要素之一，二者是有逻辑上的语义关联的。

再如《幸福感与经济发展》的引论部分（分析见图4-5）：

（18）对"幸福"这个词，2005年修订的《现代汉语词典》是这样解释的："（生活、境遇）称心如意。"还配了这样一个例句："随着经济的发展，人民越来越幸福。"

后面的句子如果不是一个例句，而是一个观点，可能有些人，包括我在内，并不会完全同意。

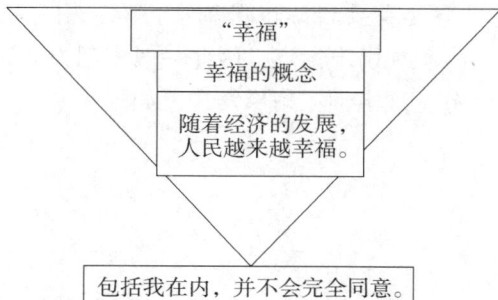

图4-5　例（18）引论与论点分析

引论部分先介绍该文的议论对象"幸福",接着对"幸福"的概念加以解释,并由此引出与该文的论点相对立的例句,为接下来驳斥这一观点做好准备,语义上表现出层层递进的关系。

留学生在议论文写作中出现的"引论与论点无关"现象则是引论与论点之间存在较大的语义差距,没有衔接关系,不能引出论点。如:

(19) 生活在二十世纪的我们,迄今面临多方面的发展与变化。因此,目前,在个人的品格上也发生了很多变化,使得人们越来越变得着急、自私,然而,在人们的社会里,不可忽略的就是"天伦思想"。

提起天伦,则想起父母与子女之关系。因此,代沟却成为现代人的严重的家庭问题了。我想,这些问题应该全家人经过努力,才能使它得到解决。首先,不可缺少两方间的对话,这才能缩短距离;第二,不可轻视对方的意见,不管如何,都要尊重对方;第三,不可施行专制,应以自由民主方式来对待。最后,要说出正当的理由才可以解决代沟的问题。这样才能家庭平安,社会无事、圆满。(L27《如何解决"代沟"问题》)

第一段介绍当今时代的特点,人因时代背景而产生的变化,接着提出"天伦思想"这一概念,但由"人们越来越变得着急、自私"过渡到"天伦思想",文中仅用了转折连词"然而"衔接,什么是"天伦思想","天伦思想"与"人的着急、自私"逻辑上存在什么关联,文中并没有交代,并且从语义上看"然而"衔接的前后两句之间并没有直接的转折关系。第二段中从"天伦"过渡至"代沟"也仅用了"因此"这一因果连接词,但很明显,前后两句之间并不存在因果关系。该文的引论部分与话题"代沟"之间的语义距离较大并且引论中对于相关概念关系的展开过于简单直接,误用逻辑连接词就是证明,引论与论点之间存在着语义距离,缺少衔接。该例由于语义范围过宽、与议论话题间缺少衔接关联使得引论效果适得其反,语义走向不能呈现出相互连贯并逐渐明朗的倒三角态势,形成偏误。

4.3.2　论据与论点无关

正如廖秋忠(1992)所说,如果只有命题没有论据,那么这个命题只是个陈述句而不是论题,"论据"是决定论题之为论题的关键要素,是议论文中不可或缺的部分。第一,论据需要与论点的议论对象保持一致,第二,论据与论点的语义倾向要保持一致。留学生在议论文写作中出现的"论据与论点无关"偏误是"论据"与"论点"之间没有语义上的对照衔接关系，在议论文中表现为"论据"与"论点"的议论对象不一致或语义倾向不一致。如：

（20）其实，安乐死并不安乐。日本早就有一故事名为"犹山梻考"，老母为了背负自己抛弃在荒山上的儿子可以不会迷路，就在上山的沿路扣上红色布子，长子听到年老的母亲对自己的爱，就背负年老的母亲回家了。其实，安乐死的目的，就只是狠狠地把生命结束，没有可取之处。

第一，安乐死会造成滥杀。安乐死没有标准及根据，就算一个富有经验的医生，也很难对一身病的病人作出"判决"。就算是从医学的角度上，以至到医生的道德上看，就算在最后的一刻、一分钟上，也应尽力而为！绝不放弃！至于在家人，如果只是说可以解决病人的痛苦，或者是觉得勉强延长家人的生命，可以解决病人本身的痛苦，那更加是大错特错了。因为人类的生命是由天而生，决定生命的不是由第三者去决定，就算是亲人也无权去决定，如果背后出现例如是为了家庭财产，那势必造成社会道德上的冲击，形成滥杀无辜，安乐死并不是真正的安乐了！（H16《如何看待"安乐死"》）

论点出现在引文第一段的末尾："安乐死""没有可取之处"，语义鲜明地表现出作者对"安乐死"的否定，但是该段的论据部分，"犹山梻考"与论题"安乐死"之间没有任何关联，"犹山梻考"主要论证了母爱的伟大，儿子将母亲抛弃到山上也不是"安乐死"，论据与论点无关，从这一论据出发，语义上不能得出论点。除此之外，第二自然段论证论点时，对家人延长病人生命的做法提出了否定，间接论证了"安乐死"的可取之处，出现了论据与论点自相矛盾的情况。产生这些问题的原因一方面是作者对论点中的关键词"安乐死"在理解上存在问题，另一方面是作者对论据内涵的理解存在偏差。

除与论点议论对象不同、语义方向矛盾之外，"论据与论点无关"还有一种情况，即论据与论点虽然就同一议论对象展开，但彼此之间完全"文不对题"，没有任何关联性，完全拆分开后对各自内容没有任何影响。如：

（21）我非常同意"父母是孩子的第一任老师"这个看法。我认为，父母是看着孩子长大的，所以父母给孩子的影响当然很大。

　　　我的父母在我小学一年级的时候离婚了。我一直跟妈妈相依为命。我没有兄弟姐妹，妈妈为了让我上大学，每天拼命工作，所以我天天一个人在家，经常感到寂寞。那时候，我还不懂事，不知道妈妈多么辛苦，我不听妈妈的话。而且，我妈妈性格很开朗，不让我看到她很累、很辛苦的样子。但我有一天偶然看见妈妈一个人在房间里默默地哭，看起来很累、很寂寞的样子。我一直觉得最可怜的是我自己，但是那时候才明白了妈妈的痛苦。

　　　从那天开始我变得坚强，我决定了以后不要让妈妈为我操心，要让她高兴一点。我学习也非常努力，多帮妈妈的忙。

　　　一直到现在我妈一次也没有在我面前哭过。她每天带着微笑，很开心的样子。最近，周围的人常常对我说你跟你妈妈一模一样。我觉得我们俩长得不太像，但还是很像。我觉得很高兴。（M20《父母是孩子的第一任老师》）

　　该文的论据是自己的妈妈，文中描述了妈妈独自支撑家庭的艰辛，表达了"我"对她的敬佩感恩之心。但是该文的论点是"父母是孩子的第一任老师"，关键词在"第一任"和"老师"上，文中这些关键词仅出现了一次，论据的中心思想是表现妈妈的不易，父母对"我"产生了怎样的影响，"我"从中学会了什么，却少有涉及，特别是最后的"周围的人常常对我说你跟你妈妈一模一样。我觉得我们俩长得不太像，但还是很像。我觉得很高兴"，"外貌相似"与该文的论点之间没有关联，不具有支撑观点的作用。因此，该文的论据虽然和论点的议论对象一致，但叙述的内容和论点之间没有语义上的衔接关联，导致该文论据难以证明论点，缺乏说服力。

　　衔接词使用不当也会导致论据与论点语义矛盾。如：

　　（22）如发现有不治之症，与其长期生活在痛苦当中纵使能活多一时半刻，何不早早了结生命。（H11《如何看待"安乐死"》）
　　（23）就如文章中有些人认为只要得到病人的同意，帮助别人解脱痛苦而帮他自杀是可以理解的，但我却认为这没有可取的地方。（H24《如何看待"安乐死"》）

　　"与其……纵使……，何不……"中"与其"表示比较两件事的利弊得失后做出选择，常和"何不"连用，"与其"连接的是舍弃的对象，"纵使"相当于

"即使",是表示让步关系的连词,句中将选择关系和让步关系混用,导致句子语义逻辑不通。"就如……"这种表达式所连接的句子一般是作者援引相同的意见来佐证自己观点的一种形式,作者观点和"就如……"后的观点是一致的。但这段话中作者实际想要表达的是和"有些人"不同的看法,因此,这一连接词不符合上下文的使用语境,应该删去或者使用表达相反意思的"不同于……"这类连接词衔接。

综上所述,论据与论点之间没有因果逻辑关联是造成论据与论点无关,不能证明论点的关键原因,在形式上则表现为逻辑连接词使用不当、错用词汇衔接手段等。

4.3.3 分论点之间无衔接

"分论点之间无衔接"所占比重较小,主要是由于留学生通常从一个角度进行论证,因此在我们的统计结果中,这一偏误类型在设置了分论点的篇章中占比较大,而且我们发现留学生篇章中采用"正反论证"的方法,出现不衔接的情况较少,而采用"并列式"或"递进式"结构设置分论点的做法更易出现分论点之间缺少衔接关联,分论点与中心论点无关的情况,这些情况具体表现为分论点间更换议论对象、分论点间没有逻辑关联等。

在论证过程中,分论点间更换议论对象是导致议论文最终偏题、跑题的主要原因。作者在展开论证的过程中,对论题展开由点到面的多角度分析,有的篇章沿着展开的某一个角度进行写作,这一角度逐渐发展为下文的主要内容,喧宾夺主,论证过程中出现置换议论对象的问题。如:

(24) 我觉得男女分班是不对的。男生女生一起度过学生时代才对。早恋的问题?我就想要向家长们问一下早恋有怎样的问题了。我觉得早恋没有什么问题,反而有好处才对了。经过恋爱,学生们会考虑一下自己是什么样的人,自己会做什么,自己有什么样的理想,等等。这样子他们会想一下他们的未来。坏人的话已经没有办法了,男女混合或者男女分班都没有关系了。毕业后学生们就开始工作了。公司里面当然男生女生都有。男生女生一起工作是应该的。所以我觉得把男女分开的想法就是不对的。而且大部分的人早晚都要结婚,那么男生该了解女生,女生该了解男生。经过恋爱才能知道自己的爱人是怎样的人最合适。(M11《如何看待"男女分班"》)

该例文章的标题是"如何看待'男女分班'"。作者一开始就表明了自己的看法"我觉得男女分班是不对的",但本论部分展开论证时,仅从"早恋"的角度进行说理,从"认知自我""工作""结婚"的角度分析"早恋"的好处,得出"经过恋爱才能知道自己的爱人是怎样的人最合适"这一结论。梳理这一段落的语义逻辑,除个别字句外,其余内容均围绕"早恋"展开,结论也停留在"恋爱"这一话题上,以"如何看待'早恋'"命题似乎题文更加一致。

（25）人是社会的动物。社会的动物应该具备什么样的条件呢?那就是公众道德。为了各自的方便,各自的利益,各自的目标,如果忽视自己应完成的任务而放弃社会道德,那就和动物有什么区别?

一般的和尚在观念上常常视为具有高品质的修养人,也是社会高层领导。他们在老百姓面前说"你们要做好才能去天堂""不能撒谎"等各种好听的话,可是他们三个人中谁也不肯去打水。如果三个人中一个人肯去打水,那么其他两个人就能平安地喝水,或者两个人轮流着去打水,这样下去,他们全部就能共同快乐地生活下去。社会上许多人像上述的三个和尚一样做事。

社会上每个人都要有责任心,一个人要方便而不遵守社会规律,社会就会落后。(L4《由"三个和尚没水喝"想到的……》)

该例行文过程中不断更换讨论对象,首段提出关键词"公众道德"并进行阐释,第二段转而讨论"和尚"的品行问题,最后一段则接连抛出"责任心""社会规律""社会就会落后"等概念和结论。通过梳理全文的思路,不难发现全文没有一以贯之的核心主题,各中心思想间没有语义上的关联或逻辑上的关系,每一部分的内容都是孤立的,文章结构虽然完整,但整体上缺乏衔接,造成全文出现语义涣散、核心论点不明确的问题。

篇章分论点之间缺少逻辑上的衔接关联,如:

（26）有三个和尚,却没有人去山底抬水,于是没有水喝……这传说虽然古老,但其内容却与我们现代生活有着密切的联系。

人类的生活单位为社会,也可以说,社会的存在是人类在地球上生存下来的主要原因之一。那么,为什么社会利于人类的生存和发展?是因为社会的基本原则就是互相支持,互相帮助。或者,引用毛主席的话,每个社会成员的义务就是"为人民服务"。我们把这个道理能理解到什么程度，这得看我们每个人的品德和良心……

听起来，"为人民服务"这个生活标准很难达到。但我认为这样的理解是不全面的，片面的。"为人民服务"这个思想至少有两层含义：一个是在自己的生活中尽量地帮助别人，另一个是为了帮助别人而忘记自己的利益，甚至不顾生命牺牲。从第二个角度来讲，能够达到这个标准的人很少。我们把他们叫做烈士或者神仙……

但如果从第一个角度来研究这个问题，帮助别人、原谅别人这个标准是我们每个人可以体现在日常生活中，不仅仅可以体现，而且应当体现。

否则，我们会像传说里的三个和尚，等着别人为我们做事，孤独地生活在高山上。（M1《由"三个和尚没水喝"想到的……》）

该文"为人民服务"和"帮助别人、原谅别人"是从不同角度出发的两种论断，逻辑上没有衔接关联，该文分论点与中心论点间的关联不够，尤其是"为人民服务"这一内容，中心论点缺乏说服力。

主题句和支持句的统一性、连贯性和发展性主要通过关键主题词的重复、连接词的过渡、同义词和同义结构的照应，以及句式之间的呼应等篇章衔接手段实现，而留学生议论文本论部分出现了偏题、跑题，主题不集中，论据难以论证论点等问题，不能很好地体现论证上的衔接。

4.3.4　结尾与论点无关

汉语母语者议论文在篇章结构上倾向于首尾相接的圆形结构，结尾部分重申论点是最为常见的写法，因此结尾表现出与论点衔接一致的语义特点。除此之外，结尾的位置较为特殊，是收束全文的末尾部分，因此不宜出现与上文无关的新名词。考察留学生议论文结尾部分的偏误表现，"结尾与论点无关"具体表现为结尾出现新名词、结尾与论点矛盾、结尾与论点议论内容不同，偏误案例共计11篇，其中材料作文中共有3篇，非材料作文中共有8篇。

4.3.4.1　结尾出现新名词

这里所说的新名词是指与上文语义没有衔接关系的新概念。结尾是全文内容的结束，不再有与之衔接的后文。因此，原则上不应该出现与中心论点无关的新概念，新名词的出现会导致文章偏题、跑题，中心不集中。如：

（27）我觉得男女分班是不对的。男生女生一起度过学生时代才对。

早恋的问题？我就想要向家长们问一下早恋有怎样的问题了。我觉得早恋没有什么问题，反而有好处才对了。经过恋爱，学生们会考虑一下自己是什么样的人，自己会做什么，自己有什么样的理想，等等。这样子他们会想一下他们的未来。坏人的话已经没有办法了，男女混合或者男女分班都没有关系了。毕业后学生们就开始工作了。公司里面当然男生女生都有。男生女生一起工作是应该的。所以我觉得把男女分开的想法就是不对的。而且大部分的人早晚都要结婚，那么男生该了解女生，女生该了解男生。经过恋爱才能知道自己的爱人应该是怎样的人最合适。

还有吸烟喝酒是比早恋对孩子们更不好的。身体还在发育的时候吸烟喝酒的话，对身体的发育、对大脑的发育、对思考能力的发展有很大的影响。我觉得避免吸烟喝酒比避免早恋重要。（M11《如何看待"男女分班"》）

文章的标题是"如何看待'男女分班'"，但是文章最后一段出现了与议论对象无关的新名词"吸烟喝酒"。"吸烟喝酒"这一新名词未经铺垫，出现得比较突兀，而且和"男女分班"语义上没有任何关联，不能作为"反对男女分班"的论据。

结尾出现新名词还表现在结尾没有恰当地总结全文，而是出现了与论证话题无关的结论。如：

（28）有的时候大家一起来办事情很有好处。就是说省时间、省劳动力，而且提出各种各样的意见。但是呢，这里有缺少协作意识的三个和尚，有一个和尚，没人帮他的时候，他只能自己到山底下挑水喝，好像在无人岛上一个人生活似的，想喝水就必须自己来。后来又来了一个和尚时，两个人一起来抬水喝，他们可能认为一个人比两个人更方便。后来又来了第三个和尚时，三个都不想去山底下抬水了。人多了，我们一般想法来说，当然更容易抬水，而且能预料到喝的水也不少。不过情况并不如此，他们之间有了这种想法，"没有我，有什么不一样？"也就是说，"不是我，别人能帮我个忙。我一个人，无所谓"。

现代社会愈来愈复杂，人的感情也变得更冷漠，真遗憾！（L1《由"三个和尚没水喝"想到的……》）

结尾得出的结论"现代社会愈来愈复杂"上文中并没有根据，上文的讨论对象是"三个和尚"之间互相推脱的心理，语义逻辑上可以推导出这种心理所造成的社会问题，但不能从中得出社会情况如何的结论，"缺少协作意识"体现的是人与人之间的关系，这种关系与"情绪"无关，"人情冷漠"的结论不能对应上文，不能涵盖上文所表达的意思，形成文不对题的现象。

4.3.4.2　结尾与论点矛盾

结尾与论点矛盾是指结尾部分与中心论点语义上相反或相对，如：

（29）读完"三个和尚没水喝"后，我突然联想到平时人与人之间的关系。常常可以看到，因责任没交代清楚，不知道产生了多少误会。

打个比方来说，我本来打算与朋友们去旅游，有一位朋友替大家到火车站售票处询问票价，但她当时没讲明要马上买票。因此，我也没有把钱准备好，从而产生了误会。

刚才只不过是一件小小的例子，其实在人们的生活中会出现更严重的误会。回到那三个和尚，肯定因为没有交代好谁来负责挑水，所以才会产生没有水喝的现象。如果他们预先安排好谁来担任什么任务，大家就可以集体享用每个人所取得的东西或成果。

从这篇故事也可以联想一家公司或大企业。每个职员有自己的岗位，应该把工作干好，因为责任是自己来承担的。工作没干好，后果由自己来承担，并且有被开除的可能性。到时候，职员必须把工作干好才有立足之地。

我觉得我们要从故事受到一些启发，只要每个人有自己的任务，哪怕会与这三个和尚一样，没有水喝。（H2《由"三个和尚没水喝"想到的……》）

该文最后一段总结全文，但是此处语义上和文章的中心论点相去甚远，与论点甚至相互矛盾，出现这一问题也与不能恰当使用逻辑连接词有关系。

4.3.4.3　结尾与论点议论内容不同

"结尾与论点无关"的另一种表现是"结尾"与"论点"没有任何语义关联，议论对象性质不一致，出现偏题的问题。如：

（30）我觉得吸烟是很不好的事情。

就健康方面来说，吸烟是毒药。以前我在电视上看过分析烟的成分的节目，烟里面有一百种以上的有害物质，他们说烟里一点也没有好的成分。还有如果女生抽烟的话将来那女生的孩子会有毛病。而且抽烟者容易得各种疾病，抽烟者的肺炎发病率比非抽烟者高三倍以上。

　　如果有一个人烟瘾太厉害，不抽烟就活不下去了，那样的人只好抽。那时他一个人抽没关系。但是有的人一定要在公共场所边走边抽烟，甚至有的人在电梯里面抽烟。那样的人到底是怎么回事？怎么这么没有礼貌？对那样的人一定要罚很多款。没钱就不抽烟嘛！（L13《吸烟对个人健康和大众利益的影响》）

该文开门见山地对"抽烟"提出反对意见，但结尾"没钱就不抽烟"的这一论断与全文的论点、所在语段的语义内容难以衔接，出现信马由缰、中心不集中的结果，没有进行强有力的总结，而是比较主观地宣泄个人情绪。

廖秋忠（1992）指出，议论文结尾部分通常或是重述论题或是概括论据并重述论题，有时还包含了与论题有关的引申或相关的话题。也就是说，从语义上讲，在经过本论部分的条分缕析之后，议论文的结尾部分通常回归中心论点，表现出与中心论点间的衔接关系。以《发展汉语·高级写作》（Ⅰ、Ⅱ）12 篇范文的结尾为例，结尾大多由逻辑连接词如"总而言之""因此"等连接和体现，所有例句都重述议论对象和再次表明观点，并主要通过重复关键词实现。如：

　　（31）所以说，生活需要挑战。如果没有挑战，生活也许会很平静，但是，人的意志得不到磨炼，能力就得不到最大的提高。

　　（32）陶先生与魏先生在教育上的成功，就在于他们都有一颗爱护学生的心。西方哲学家詹姆士说过："人的心理上最大的特点是渴望被肯定。"教师对犯错学生的宽容，能引发学生心中的愧疚感，使学生容易理解教师的爱心，努力改掉自己的毛病。因此，爱护之心和宽容教育是成功的教育形式，带着爱心与宽容心走到学生心中的教师，一定会取得成功。

　　（33）不管莱文森的上述观点是否正确，我们都可以说：任何新媒介、任何新技术的发展都是利大于弊。无论我们怎样谴责电视庸俗，也得承认，它是一种大众喜欢的媒体，它开阔了最大多数人的眼界。

母语者议论文范文中的篇章衔接总体上以语义衔接为首要条件。除此之外，就同一篇文章来说，构成篇章的各组成部分均需围绕着同一个主题展开，共同表达一个完整明确的中心意思，同时还要符合篇章发生的语言环境。只有同时满足语义关联性、主题关联性、语境关联性，篇章才具有衔接性。

留学生篇章衔接上的偏误从逻辑上看表现出留学生组织篇章时缺乏整体意识，不能做到从中心主题出发展开篇章各组成部分，忽略了主题关联性和语境关联性。这表明我们在进行篇章教学时要注重对语段衔接的专门性训练，并且要强调篇章的功能在于向读者传达一个确切集中的信息，使用衔接手段发展旧信息时，要以切合主题为首要条件，议论文的文体功能在于论证说理，论证过程中应充分使用不同的论证手段使读者信服，语言使用要符合议论文严肃周密的文体风格，衔接逻辑也要严谨。只有明确这些篇章要求才能使学习者恰当使用衔接手段展开篇章。

除上述衔接偏误外，留学生议论文语言出现与语境不协调，书面语与口语混用等现象，在此不赘。

4.4 小结

通过对留学生议论文篇章结构和篇章衔接偏误的分析可以看出，留学生在议论文写作中的突出问题是缺乏论证，或者说不能恰当地进行论证：不能恰当地引出问题、不能恰当地围绕中心进行论述、不能有效地收束观点。其中部分原因来源于语言层面：不能正确地掌握、运用汉语篇章衔接手段。以上问题，自然会对学术汉语写作产生极大的影响。因此，在毕业论文写作之前，尤其是在学术汉语写作课程中，应大力加强留学生运用汉语进行论证的能力，着力提高留学生的汉语论证水平。

要提高留学生的论证水平，在教材编写上需要在知识点设置、范文选取和练习设计上对篇章结构和篇章衔接进行系统教学。针对篇章结构上的突出问题，教材设计时应结合范文和写作训练注意功能板块的训练，使学生了解论证的结构模式，每部分内容对于论点的论证分别起到了什么作用，缺失会造成怎样的影响，进而教会学生如何安排文章结构，引导学生从不同角度思考，筛除与论点无关的理由，纠正主观性太强的理由，一步步帮助学生建立起论证结构，规范论据的表述方式。同时还要加强适用于不同句义关系的衔接词、连接不同段落的连接语等手段的训练，帮助留学生形成议论文篇章框架。

针对篇章衔接的问题，教材编写时应重视原词复现、近反义衔接词、指称衔接等衔接手段在处理论据、利用论据论证论点、设置分论点时的重要作用，引导学习者习得衔接知识，进而习得沟通文章其他部分和论点的技巧，使文章上下一体，全文构成逻辑严密的统一体。

第5章　学术英语写作教材编写实践及启示

5.1　国内学术英语写作教材概况

国内学术英语写作教材的编写与出版目前已具规模，为学术汉语教材的编写提供了可借鉴的经验。

国内学术英语写作教材的编写与出版经历了从无到有的过程，2006 年以原版引进的形式出版了第一本 EGAP（即通用学术英语）教材，在 2011 年到 2013 年，EGAP 教材的出版出现一个高峰，大量教材问世，发展迅速（丁研、蒋学清，2015）。截至 2017 年 9 月，在国家新闻出版广电总局网页可搜寻到的学术英语论文写作教材共 55 种，其中 2004—2010 年出版 8 本，占比 14.55%，2011—2017 年出版 47 本，占比 85.45%，而 2016 年 1 月到 2017 年 9 月出版的教材就有 17 本。

按出版类型分，引进教材 10 本，占比 18.18%；原版改编教材 1 本，占比 1.82%；本土教材 44 本，占比 80%。按受众专业分，可以分为多学科教材和单一学科教材，单一学科教材有 23 本，占比 41.82%；其中针对英语专业的教材有 18 本，占总教材的 32.73%，占单一学科教材的 78.26%。按照教授的写作种类，可以分为仅教授毕业论文写作的教材和除了学位论文也教授学术交流类文章、科研报告等多方面的学术写作内容的教材，仅教授毕业论文写作的教材有 12 本，占比 21.82%。

学术汉语写作教材现在正处于以前学术英语写作教材的空白待开发时期，学术英语写作教材在编写理念、教材体例、语言点设置、选文内容和练习设置等方面积累下来的经验，能够为学术汉语写作教材提供宝贵的借鉴。为此我们从中选择了 14 本教材进行研究。我们选择的标准是：出版日期较近、影响力较大的英语第二语言教学写作教材。它们是：8 本 EGAP 教材：徐艳英的《英语学术论文写作》（北京理工大学出版社，2011），黄国文、葛达西、张美芳的《英语学术论文写作》（重庆大学出版社，2004），刘宇红的《实用英语学术论文写作》（对外经济贸易大学出版社，2004），蔡基刚的《通用学术英语写作教程》（复旦大学出版社，2015），陈倩的《英语论文写作》（对外经济贸易大学出版社，2012），杨新亮、熊艳的《学术英语写作》（上海交通大学出版社，2012），胡友珍、何小平、王志芳的《英语学术论文写作教程》（中国农业大学出版社，2011），刘承宇、玛莎·戴维斯·巴顿的《学术英语写作教程》（中国人民大学出版社，2015）；6 本针对英语专业本科毕业论文的 ESAP 教材：穆诗雄的《英语专业毕业论文写作》（第二版）（外语教学与研究出版社，2012），王秀红、芮艳芳的《英语毕业论文实用指导》（电子工业出版社，2015），文斌的《英语专业学术论文写作教程》（华中科技大学出版社，2010），陆道夫的《英语专业学士论文写作教程》（第二版）（暨南大学出版社，2012），李正栓、焦绘宏的《英语写作：毕业论文写作》（第三版）（北京大学出版社，2015），程永生、杨晓华的《实用英语毕业论文写作》（中国科学技术大学出版社，2016）。

在 14 本教材中，考虑到各教材的特色和代表性，我们对其中 5 本进行了重点详细调查：文斌编写的《英语专业学术论文写作教程》讲解性内容较少，每单元都配备了大量的课后练习题；杨新亮、熊艳编写的《学术英语写作》有大量的学术英语写作技巧的教授；陈倩编写的《英语论文写作》是为数不多的任务型学术英语写作教材；穆诗雄编写的《英语专业毕业论文写作》（第二版）和王秀红、芮艳芳编写的《英语毕业论文实用指导》都聚焦在论文写作的知识型内容传授上。

5.2　学术英语写作教材的编写理念和编写原则

5.2.1　编写理念

教材编写理念是作者对整本教材的主要构想，也是作者对教学活动内在规律的认识的集中体现，还是作者本人对教学活动的看法和持有的基本态度与观念的最直观的体现。不同的教材编写理念会产生完全不一样的教材结构的整体设计，从而使得整本教材的编写思路、例文选材、综合训练、任务也会大不相同（宾婕，2013）。

　　笔者根据所选取的 14 本教材中前言或序里的编者自述，按照不同编者的编写理念侧重点将其分为四大类：重点关注创新与思维能力（7 本，占 50%），重点关注学术研究能力（4 本，占 28.6%），重点关注写作技巧（2 本，占 14.3%）和重点关注语言技能（1 本，占 7.1%）。

　　侧重创新与思维能力的教材，如《学术英语写作教程》（刘承宇、玛莎·戴维斯·巴顿）凸显了"体验学习和自主学习"，"强调批判性思维能力的培养"；《英语专业学士论文写作教程》（第二版）（陆道夫）重在"拓展选题思维，演示写作过程，着力培养学生在论文写作中的问题意识和思维方法"；《通用学术英语写作教程》（蔡基刚）培养"批判性思维能力、创新能力"；《英语学术论文写作》（徐艳英）认为在让学生了解英语毕业论文写作的基本范式的基础上，要"应用技能训练与创新能力开发相结合，使大学生的创新能力与学术水平提升到较高的层次，从而激发创新意识"；《学术英语写作》（杨新亮、熊艳）"旨在以英语学术语篇的实证性和逻辑性特征，培养学生研究型和发现型学习的学术思维能力"。《英语论文写作》（陈倩）是一部完全以任务法为指导的写作教材，编者虽然在前言中没有明说，但是经过对教材的分析，我们发现该教材希望培养学生自主学习的能力，让学生从一个个任务中发现问题、解决问题，从而获取知识，也属于侧重于培养创新与思维能力。

　　侧重学术研究能力的教材，如《实用英语学术论文写作》（刘宇红）认为研究生的使命是从事学术研究，提高语言技能不是他们的主要任务，应该把"高级英语写作从提高语言技能转变为提高学术研究能力"；《实用英语毕业论文写作》（程永生、杨晓华）围绕毕业论文指导与写作流程，对英语专业毕业论文写作的方方面面作了一个简明扼要的介绍，重点阐述了"论文写作的前期准备与写作过程"，注重研究能力的培养。《英语毕业论文实用指导》（王秀红、芮艳芳）中称该教材"旨在培养学生初步的科研能力"；《英语专业毕业论文写作》（第二版）（穆诗雄）中没有明确说明，但是从内容上看，编者致力于让学生了解论文写作步骤与规范，指导每个环节，是对学生学术科研能力的重视。

　　侧重写作技巧的教材，如《英语专业学术论文写作教程》（文斌）序里指出"掌握基本的英语写作技巧是提高学术英语写作能力的基础"；《英语学术论文写作》（黄国文、葛达西、张美芳）说明其编写目的是"帮助国内的高年级学生和研究生学习并掌握研究论文写作所需的有关技巧"。

　　侧重语言技能的教材有 1 本，胡友珍、何小平、王志芳编写的《英语学术论文写作教程》指出该教材"力求满足新世纪对高级人才的期望，培养研究生扎实的语言技能，更注重其全面的应用能力，力求将语言教育和素质教育融为一体"。

教材的编写与编者对教学法的理解和认识不无关系。目前在外语写作教学中主要的理念方法有结果法、过程法、体裁法、过程体裁法等（吴双，2008），或者控制法、自由写作法、语段形式法、过程法、任务法等（罗青松，2001）。根据体现的写作教学方法，宾婕（2013）将目前对外汉语写作教材的编写理念分为了三大类，分别是结果法、过程法和任务体验教学法。按照这种分类方法，14本教材中有11本融入了过程法理念，有2本教材体现了任务法的思想，有1本教材遵循结果法的编写理念。

在编写教材中被编者大量采用的是过程法。过程法并不是让学生就某个话题在限定的时间内完成作文，而是提供充分的讨论、反馈、修改的时间和机会，关注写作过程中的思考、设计提纲、写初稿、修改和校对等行为，重点放在学生的写作过程和写作能力上。教师对学生作出一些指导，但又不会进行干预。它的教学任务是锻炼写作的思维能力，练习形成观点、构思文章与修正文章的思路。

任务体验教学法则是通过设定具体的写作任务项目，指导学生逐步完成来达到训练学生写作技能的目的。贯彻交际法的原则，在教学中始终围绕具体的交际项目来确定训练内容。以学生体验为中心，促进学习积极、主动参与课堂体验环节。如《英语论文写作》（陈倩）全书共三个部分十九个单元，几乎没有任何讲解性成分，每个单元的每一小节都是由一系列任务推进的，学生通过完成一个个任务来学习新知识。该书非常注重学生在课堂上的讨论和自我思考，注重培养学生的发散思维能力，并且布置的任务除了可以增强学生之间的交流互动和互相学习，还注重任务和思考题贴合学生生活，让学生更好地得到启发。《通用学术英语写作教程》（蔡基刚）也同样注重学生的写作体验。

结果法重点是在写作成品上，强调语言的正确性、作文的结构和质量。通常是由教师提供范文并分析、讲解，然后学生模仿范文写作，最后由教师点评。这种理念强调模仿，偏重经验，主张通过阅读与模仿例文来写作，它的教学任务是完成句子、替换与模仿练习、句型操练、段落排列等，这些练习旨在帮助学生提高表达的准确性，但在一定程度上限制了学生的自由思维与表达。如《学术英语写作》（杨新亮、熊艳）每章内容依据样篇和例文对写作知识与技能进行实证性分析及描述。练习也都是段落排序、句型操练、语言技巧判断和模仿练习。该书的练习很多，具有重复性和巩固性，能很好地加深学生印象。

由以上数据可知，现如今的学术英语教材大多侧重创新与思维能力，但是对语言技能的训练不够。并且这些教材多数都采用了过程法的编写理念，只有3本教材运用了任务法和结果法。

5.2.2　编写原则

一般来说，第二语言教材编写应遵循的通用原则和基本原则包括以下三个层面（宣璐，2013）：第一，应符合教育和教学的一般教材编写原则，如科学性原则、规范性原则、系统性原则、循序渐进原则等；第二，应符合第二语言教学的学科性质、教学规律和教学法的编写原则，如以标准目的语为主的编写原则、以技能训练为主的编写原则、课文内容和语言材料的趣味性原则；第三，结合不同课型和特殊要求的编写原则，如语言材料重现原则、目的语和学习者母语的对比原则、目的语文化和学习者母语文化的对比原则。

本章重点考察的五本学术英语写作教材，在第一个层面，都做到了科学性、规范性、系统性、循序渐进这几个原则。在第二个层面，也就是教材是第二语言教学性质的层面上，文斌编写的《英语专业学术论文写作教程》，杨新亮、熊艳编写的《学术英语写作》和陈倩编写的《英语论文写作》都是整本用英语写作，符合了以标准目的语为主的编写原则，而穆诗雄编写的《英语专业毕业论文写作》（第二版）和王秀红、芮艳芳编写的《英语毕业论文实用指导》尽管不是全英文教材，但是中英结合，也对学生做到了良好的目的语输入。在技能训练方面，穆诗雄编写的《英语专业毕业论文写作》（第二版）和王秀红、芮艳芳编写的《英语毕业论文实用指导》几乎全为知识性内容的讲解，忽略了对学生的训练，而其他三本教材都安排了大量的练习。文斌编写的《英语专业学术论文写作教程》课文内容多为纯粹的讲解性语言；而另外四本在内容和材料的选取上更加丰富。在第三个层面，穆诗雄编写的《英语专业毕业论文写作》（第二版）和陈倩编写的《英语论文写作》做到了语言材料重现原则。但是目的语和学习者母语的对比原则、目的语文化和学习者母语文化的对比原则只在范例中有一些呈现。

5.3　学术英语写作教材的体例与内容

教材体例在教材编写中是最具有操作性的，可以体现编写者对教材的构想。这些教材绝大部分都是按照论文写作过程的顺序依次编写单元的，或者说教材的主题内容是按照这个顺序编写的。这类教材有 13 本，占比 92.86%，只有杨新亮、熊艳编写的《学术英语写作》没有按此顺序。以单一的毕业论文指导教材为例，此类教材内容涵盖选题、资料收集、开题报告的撰写、提纲的撰写、毕业论文的撰写，并且对毕业论文各部分内容依次进行指导。有一部分此类教材，如

《英语毕业论文实用指导》（王秀红、芮艳芳）特别注重论文写作的形式和步骤，提供了从论文选题的每一环节的模板到论文最终撰写时每一部分的模板，这样能使学生更直观地明白论文写作的步骤和注意事项，更适合作为指导手册。

穆诗雄的《英语专业毕业论文写作》（第二版）共分为4章10节26个小部分。第一章介绍毕业论文写作的一般过程和论文的要素，对写作过程的各个阶段和论文的各要素进行了较为详细的论述，并配有范例；第二章讲解文献的引用和标注及国际格式；第三章在介绍知识的基础上，以具体问题为学术研究提供了思路，是在学习了前两章具体论文知识后扩展思考的专题引申；第四章是4篇毕业生论文的评析。在章节安排上，章与章篇幅差距较大，不同小节之间差距也很大。如第二章只有25页，而第三章有67页；最短的小节只有2页（第二章），而最长的有31页（第三章）。附录包括常用外语类学术期刊和常用在线图书馆两个部分。

《英语专业学术论文写作教程》（文斌）分18个单元，围绕三条主线展开：学术、论文、写作。第一、二单元主要介绍了学术研究和学术论文的本质与特点；第三单元探讨了写作作为交际手段的基本要求；第四单元对学术性写作的七大特点进行了讨论；第五至第七这三个单元介绍了论文写作的基本步骤；第八到十一单元对摘要、引言等论文部分进行了详细的介绍；第十二到第十七单元主要分析了如何加工资料；第十八单元介绍了引用和参考文献的格式。该教材分类清晰，单元之间有推进关系，每单元内容较少，便于授课。该教材无附录部分，只有参考答案。

《英语毕业论文实用指导》（王秀红、芮艳芳）分8章46节，以论文写作时间关系的顺序和论文空间布局顺序进行编排，章节之间除了在写作顺序上有先后的承接关系外，也有总述与分述的包含关系。第一章介绍毕业论文写作的必要性和重要意义、毕业论文的组成要件，以及毕业论文写作常见的问题，如论文的选题、资料的收集与运用、开题报告的撰写、提纲写作、正文写作、各类论文写作和答辩的准备问题。该章是简要概述，具体内容通过后面的章节具体呈现。书后还提供了5个附录，包括英语专业本科毕业论文选题参考、国内外英语学科部分权威期刊信息、国内外文献资源下载与检索网址、英语专业毕业论文一般格式参考与要求、本科毕业论文指导工作所需主要材料等。

《英语论文写作》（陈倩）共分准备、写作和细节技巧三大部分19个单元。第一部分有8个单元，分别介绍学术论文的定义和论文写作过程，包括选题、收集材料、罗列证据和观点、做笔记、设置调查问卷和撰写研究计划书。第二部分有7个单元，包括论文要素与结构、论文框架、引言、文献综述、结论、摘要、参考文献的具体写作方法与格式，该部分篇幅占全书的 42.26%，是教材的主体部分。第三部分有 4 个单元，包括正式与非正式文风、表格与数据，以及如何在学术论文中准确书写数字、标题、缩写，如何订正与修改论文，是对第二部分的补充。该教材的每个单元内部均包括导言、任务、练习三部分，共设计了 97 个任务，平均每单元 5.11 个；24 个练习，平均每单元 1.26 个。导言简单介绍该单元的学习内容和学习目的，任务部分是单元的核心内容，通过任务型练习来推动知识的学习，练习部分是针对该单元所学内容的温习与反馈。教材配备了课件，可在网页下载，并且根据教材自身特点选配了教学参考书或者 MP3 光盘，建立了立体化教学资源。

《学术英语写作》（杨新亮、熊艳）共 10 章，每章都教授有关学术英语说明文和论说文写作的结构与技巧。第一章包括主题的一致和连贯、衔接、语篇的主要特征以及段落的结构和写作。其他章节分述英语篇章的时间、空间、例证、对比、因果、定义、分类和论证的谋篇技巧、特征和训练。此外穿插在每一章的技巧教学之中，以实例形式讲解了摘要、引论、方法、结果与讨论、结论、参考文献以及读书报告、文献综述、前言等写作技能。该教材每单元都由样篇和例文、写作基础知识和技巧、专项知识（如摘要、文献综述等）、学术英语论文结构与解析、练习和篇章阅读等部分组成。比如在第一章中，第一部分是样篇，文后提出了四个问题让学生思考。第二部分介绍发现和写作主题句的方法。第三部分是衔接手段的分类说明和练习。第四部分讲授语句连贯。第五部分进行段落写作。第六部分讲解摘要。第七部分讲解过渡。第八部分讲解提纲写作。

5.4　学术英语写作教材范例选取

在 14 本教材中，13 本有节选的例篇或者整篇的范文，大部分范文或篇章样例来自国内外优秀的学术研究论文和毕业论文，或者历年大学英语四六级、历年全国研究生入学考试英语真题阅读理解语篇。

《英语专业毕业论文写作》（第二版）共 24 篇范例，平均每章 6 篇。全文范例占比 16.67%；4 篇为非英语学科，包括社会热点类 1 篇、纯模板 1 篇、教学安排 1 篇、心理学 1 篇，均为文科类；其他 20 篇都是英语类范例，包括英美文学类 12 篇，英语翻译类 4 篇，英语语言教学 3 篇，英语语言学 1 篇。16 篇为母语者作者，其中 10 篇为外国学者论文、3 篇出自外国学者著作、2 篇出自英美作家、1 篇为外网模板资料；8 篇为中国作者，包括 2 篇中国学者论文、2 篇本科生习作、4 篇本科生毕业论文。

《英语毕业论文实用指导》共 15 篇范例，平均每章约 2 篇。从内容看，全部是英语专业相关方向的，包括翻译类 4 篇、文学类 3 篇、教学类 3 篇、跨文化类 3 篇，语言学类和商务英语类各 1 篇；作者皆为北京工业大学的毕业生。

《英语论文写作》共 43 篇范例，平均每单元 2.26 个范例。其中第一部分宏观讲解与准备部分有 13 篇范例，第二部分即论文正式写作部分共 26 篇范例，第三部分即细节技巧部分共 4 篇范例。全部使用选段，无一全文型范例。从学科内容看，除 3 篇专用于格式讲解，1 篇科普类，1 篇地理类之外，其余 38 篇范例都属于英语学科，包括社会文化类 8 篇，教学类 9 篇，语言研究类 18 篇，商务英语、英语翻译、英美文学各 1 篇。从作者看，30 篇为英语母语者，13 篇出自中国作者，其中 9 篇是学生论文。

《英语专业学术论文写作教程》无范例，《学术英语写作》大量使用段落、例句，根据教材的序篇说明这些例子来源于历年大学英语四六级、历年全国研究生入学考试英语真题阅读理解等材料。

5.5　学术英语写作教材练习设置

在 14 本教材中，有 7 本配备了练习题，其中有 4 本教材配备了参考答案以方便自测，有 5 本教材做到了练习题贯穿全书的始终，有 2 本教材只有每章的末尾有练习题。在重点考察的 5 本教材中，《英语专业毕业论文写作》（第二版）和《英语毕业论文实用指导》没有设置练习。

《英语专业学术论文写作教程》18 个单元共 77 个练习题，平均每个单元有 4.28 个，均为章节总结运用练习。题型主要分为无阅读材料的问答题（3 个）、阅读题（29 个）、语言技能练习（23 个）、写作练习（21 个）和思维发散练习（1 个）五种，占比分别为 3.90%、37.66%、29.87%、27.27% 和 1.30%。无阅读材料的问答题是对这一章节刚学习的内容的基本回顾。如第一单元的第一个练习 Answer the following questions，包括四个问题："What is research？""What are the features of research？""What do we mean by the statement 'research is cyclical'？""What methods do we often use in doing research？" 阅读题有阅读选择题、阅读辨析题、阅读找关键词/句、阅读问答题、阅读讨论题 6 种类型。语言技能练习共 23 个，包括改错、替换、改写、填空和匹配 5 种形式，其中以替换（5 个）和改写（7 个）数量最多，改写题又有词语改写和句子改写。写作练习 21 个，包括三类：概括、扩写、专项写作（如写一个结论）。

　　《英语论文写作》是任务型教材，任务（task）部分也有练习思考的性质，所以在此分为两部分进行分析。任务部分，全书 19 个单元有 97 个任务环节，但是有的任务环节不止一个任务，按任务个数计，一共 101 个。在这 101 个任务里，有 34 个是小组任务（双人任务按小组任务算），占比 33.66%，67 个是个人任务练习，占比 66.34%。任务类型可分为阅读后作答、无阅读材料的问答、语言练习、写作四种，分别占比 59.41%、30.69%、6.93% 和 2.97%。阅读后作答共 60 个，包括阅读问答、阅读填表、阅读匹配题，是为了引出将要教的知识，让学生通过阅读材料自己发现问题、解决问题。无阅读材料的问答是对本章节将要学习的内容的导入。语言练习有 7 个，包括 3 个改错和 4 个修改完善。该教材一共有 3 个写作任务，是对学习内容的反馈和将要学习内容的预习。练习部分，19 个单元共 24 个练习题，其中 2 个是小组活动。练习题是为了对本单元所学内容进行巩固，包括 7 个阅读问答题，3 个直接问答题，7 个写作练习，2 个拓展实践，5 个格式内容的改错完善题。

　　《学术英语写作》每章都有练习。练习分为两部分，一个是 Exercise，另一个是 Reading task。Exercise 环节侧重语言和技巧练习，Reading task 环节则需要在阅读大量给出的资料的基础上做理解分析。每个 Exercise 环节包括 3 个部分：根据文章内容填写空缺词汇、连句成段、写作练习。写作练习又包括根据要求写作和看图写话。Reading task 部分都是要求根据阅读材料回答问题：在材料中找出运用的技巧和技巧性词汇。Exercise 部分共 40 题，Reading task 部分每章一个，共 10 个。其中填空题 11 个，句子组合题 9 个，写作训练 20 个，阅读题 10 个。

　　从题量上来看，三本教材都做到了最基本的量的保证。《英语专业学术论文写作教程》题型最丰富。《英语论文写作》主观题较多，多为内容理解类问题。《学术英语写作》每章采用比较固定的题型模式，除了写作类训练，也多使用内容理解类问题。

5.6　学术英语写作教材的适用性及对学术汉语写作教材的启示

5.6.1　学术英语写作教材的适用性

对于当前学术英语写作教材在教学实践中的应用，李玉、杨晓梅（2011），丁研、蒋学清（2015）和于强福、尚华（2016）都曾经进行过调查评价，这些评价对于本章所调查的教材也有一定的适用性。

李玉、杨晓梅（2011）分析了徐宏亮、康敬群编写的《学术英语写作基础教程》，认为该教材可借鉴的经验有：视角专业规范，不是仅对学术论文写作格式进行介绍；编排系统科学，将思想意识的提高和写作过程的介绍结合起来；讲解深入浅出，对较难理解的理论部分给出适当的范例，并作出详尽的解释；练习形式多样；补充材料丰富实用。该教材的缺点是补充材料中有些内容对于缺乏一定理论背景的读者来说不易理解。

丁研、蒋学清（2015）调查了 36 本可用于非英语专业本科生教学的 EGAP 教材，其中写作教材有 9 本，其普遍存在的缺点和不足是：适用群体单一；部分内容难度过高、缺乏实用性；立体化不足。应该以深入理解 EGAP 内涵为前提，开发适应更多群体的教材；以现代教育教学技术为着眼点，开发立体化教材；以需求分析为基础，开发实用性教材。

于强福、尚华（2016）对 2005—2014 年国内出版的 91 部学术英语写作教材进行了调查分析，归纳了高校学术英语写作教材编写出版过程中存在的诸多问题：如内容重复，几乎都在讲解学术论文的组成部分和写作技巧；选材单调，多为期刊论文和毕业论文，很少涉及学术应用文；过分关注英语专业本科生毕业论文，很少有理工科相关案例；易读性差，大量堆砌理论、技巧、范文、素材，只注重理论知识，缺少对学生的练习实践，不提供参考答案，导致学生的自学效率低；脱离教学，实效性低，难以在很短的课时内分配这些教学内容。作者认为教材的编写也应该以学生为中心，注重教材的趣味性、易读性、实用性，还可以充分利用网络媒体，进行立体教学。

从这些评价可以看出，对于学术英语写作教材的编写，受到肯定的是内容上的专业性和规范性，在体例上按照论文写作过程编排和使用范文、补充材料的做法。受到批评的地方是：难度大、趣味性差、实践性差等。

5.6.2 学术英语写作教材对学术汉语写作教材的启示

通过对学术英语写作教材的考察，可以看到，学者们对于学术写作教材已经形成了一些共识，对学术汉语写作教材编写具有很高的借鉴价值。

5.6.2.1 对学术写作教材编写理念和编写原则的思考

所调查的 14 本学术英语写作教材，侧重创新与思维能力的教材数量最多，其次是侧重学术研究能力的教材，说明编写者认为在学术写作教材中需要注重创新与思维能力。这些教材大部分采用过程法，关注写作过程中的思考、设计、修改和校对等行为，重点放在学生的写作过程和写作能力上。这是本类教材与普通教材的区别所在，因此受到广泛关注。但是正如李玉、杨晓梅（2011）所说，学术论文写作中的根本问题是语言问题。学术写作对于二语学习者来说，首先是语言课，其次才是写作技能课、研究方法课，因此学术汉语写作教材的编写理念最终要落到语言技能训练上。

在编写原则上，被编者频繁提到的主要是"针对性原则"和"实用性原则"。对于学术写作教材来说，其与通用写作教材的区别到底体现在什么地方？针对性和实用性如何体现？如何与通用写作教材连续起来？通用写作教材编写中的哪些做法可以借鉴？这些问题都值得思考。学术英语写作教材编写中的难度高、易读性差、实效性低等问题，也是学术汉语写作教材编写中需要关注的问题。

5.6.2.2　对学术写作教材体例和内容的思考

我们详细调查分析了 5 本教材，每本教材无一例外都花了过多篇幅用来讲解知识性内容。一种是时间层面上的科研活动过程，包括论文从选题、搜集材料、撰写文献综述、撰写开题报告直到论文最终答辩；另一种是论文的篇章结构，包括摘要、引言、正文、结尾的写作。这说明，在学术写作教材的内容上学者们已经形成共识：需要包括科研过程的训练和论文篇章的写作训练，具体应该包括写作技能项目、论文规范项目、科研程序项目的内容。但是，如何处理知识和技能训练之间的关系也是学者们开始关注并思考的。《学术英语写作》（杨新亮、熊艳）围绕学术英语写作技巧编写，在技巧教学中传授论文基础知识。该教材中无论是语句、段落还是篇章，都有大量的写作技巧教授和训练，并有固定的短语、句式、篇章结构供学生进行模仿、训练，值得借鉴。

5.6.2.3　对学术写作教材范例选取的思考

14 本教材有 13 本使用了范文，说明绝大部分编者都认为在学术英语写作教材中进行范例呈现是必不可少的。观摩、赏析优秀范例也能让学习者细细体味其中的优点，从而潜移默化地运用到自己的习作中。

通过对重点考察教材中使用范文的 3 部教材所使用范文的考察，可以发现编者们对于学术写作教材范文使用存在以下共识：平均每章/单元 2~4 篇范例，内容上与英语学科相关的比例均超过 80%，大都来自国内外优秀的学术研究论文和毕业论文，且以母语作者为主。这可以让学生在学习母语者良好的文字规范、标准的语法、恰当的文风及适当的衔接、连贯过渡和照应的同时，也能借鉴同为英语学习者的学术英语写作的优秀之处，对于一些学习者可能出现的问题也能起到警醒作用。

5.6.2.4　对学术写作教材练习设置的思考

在这 14 本教材中，只有 7 本教材是配备了练习题的，占比 50%，而在这 7 本教材中，只有 4 本教材对练习题配备了参考答案，还有 3 本教材并无参考答案。也就是说在这 14 本教材中，能做到教学与练习相结合并且保证有参考答案方便自测的，只有 4 本，占比 28.57%。在有练习题的 7 本教材里，有 5 本教材做到了练习题贯穿全书的始终、每个章节的始终，有 2 本教材只有每章的末尾有练习题。

在我们重点调查的 5 本教材中，穆诗雄编写的《英语专业毕业论文写作》（第二版）和王秀红、芮艳芳编写的《英语毕业论文实用指导》没有设置练习环节，这样学与练的联系就没有维系起来，不能很好地对学生进行训练，使其得到更好的知识反馈。

所以这 5 本教材里只有 3 本有练习题的设置，并且只有 2 本教材提供了参考答案。没有练习题就不能很好地保证学生对于所学的知识融会贯通，不能起到对知识的补充和反馈作用。而练习题的参考答案设置也可以在教师不予讲解时提高学生的自学效率。

从题量上来看，3 本教材都做到了最基本的量的保证。文斌编写的《英语专业学术论文写作教程》是题量和题型都最丰富的一本教材，教材配备了大量的练习。从前文分析可以看出该教材兼顾阅读、语言技能训练和写作练习，这三方面的练习比重较大。其中阅读题和技能训练题又可以细分为很多种，这样可以全方位、多角度地对学生进行内容、技巧、语言和思维上的训练。

杨新亮、熊艳编写的《学术英语写作》和陈倩编写的《英语论文写作》，虽然在题量上有基本保证，但是题型有些单一。《学术英语写作》的练习有两部分，由 Exercise 和 Reading task 组成。Exercise 环节更侧重于仅仅针对语言和技巧的练习，也包括写作练习。而 Reading task 环节则需要在阅读大量给出的资料的基础上做理解分析型的练习。该教材每个单元的题型、题量以及出现的位置都是一样的。所有练习中填空题、句子组合题、写作训练、阅读题分别占比 22%、18%、40% 和 20%，可以看出写作训练占比最大，作者最重视对写作本身的练习。

　　《英语论文写作》的练习题在任务环节和练习环节均有分布。任务环节的练习题可以分为阅读后作答、无阅读材料的问答、语言练习、写作四种，占比分别为 59.41%、30.69%、6.93% 和 2.97%。练习环节的练习题可以分为阅读问答题、直接问答题、写作练习、拓展实践和改错完善，占比分别为 29.17%、12.5%、29.17%、8.33% 和 20.83%。可以看出任务环节的阅读题和问答题加起来占比过高。这一现象在练习环节有明显改善。该教材练习部分客观题占比过低，训练过于偏颇，并且主观题里阅读理解和问答题占比太高，几乎全是内容理解类问题，对于学生的写作技巧、语言和思维训练太少。

　　可以看出这三本教材中阅读题和问答题比重普遍过高，语言训练部分很少或者没有，对写作技巧的训练也远远不够，这样不能使学生得到真正锻炼，提高二语的学术写作水平。

第6章 汉语言专业留学生论文写作教材内容研究

6.1 研究设计

为培养留学生论文写作能力，目前中国人民大学、上海交通大学、浙江大学、吉林大学、上海师范大学、广西师范大学、华南师范大学、中山大学等大部分高校为留学生开设了相应课程或者讲座（陈淑梅，2012），但目前相关教材很少，市场上只有李英、邓淑兰的《留学生毕业论文写作教程》（北京大学出版社，2012）、高增霞的《高级汉语写作：论文写作》（暨南大学出版社，2019）。这些不能满足教师的授课需求和学生的学习需要，亟须加强研究。

本章将具体从汉语言专业出发，以留学生论文写作教材为研究对象，借鉴英语专业论文写作教材及针对汉语言专业中国学生的论文写作教材，对留学生论文写作中涉及的语言点进行切分和排序研究，具体解决汉语言专业留学生的论文写作教材应该包括哪些内容的问题，以期对学术汉语写作教材建设提供依据和借鉴。

具体包括以下三项工作：

第一，归纳总结汉语言专业留学生论文写作中存在的问题以及指导教师和学生对教材的实际需求。通过归纳近年来多位学者对汉语言专业留学生（本、硕）毕业论文的统计分析结果，获取汉语言专业留学生毕业论文选题范围、学术词语使用情况、论文规范情况等相关信息，梳理汉语言专业留学生在论文写作过程中所缺乏的知识、技能和能力。

第二，调查分析针对汉语言专业中国学生的论文写作教材的内容，结合对英语专业论文写作教材的考察，归纳梳理两种类型的论文写作教材中的共识及相同部分，明确各领域公认的学生在学术写作过程中所需的专业知识和能力素质，以及两种类型的教材在"写作技能""论文规范""科研程序"三个方面分别囊括的语言点，以帮助编写汉语言专业留学生的论文写作教材。

第三，结合以上研究成果，从"写作技能项目""论文规范项目""科研程序项目"三个方面分别对汉语言专业留学生论文写作教材的内容进行设计，并在语言点的切分和排序上提出设想。

6.2　写作技能项目的选择与排序

6.2.1　相关教材中写作技能项目语言点的调查

目前已出版的针对汉语言专业中国学生的论文写作教材共计 16 套，其中大多将教学对象设定为以汉语为母语的中文专业本科学生，也可供硕士生参阅学习使用。在此 16 套教材中各有一套教材将教学对象限定为师范院校学生及成人自考类高校学生，还有两套教材将对象设定为教师和学生，把教师指导用书和学生学习用书合二为一。基本情况如表 6-1 所示：

表 6-1　16 套教材名称、作者及教材收录语言点情况

序号	教材名	作者	出版信息	收录的语言点
1	《汉语研习与论文写作》	卢卓群	华中师范大学出版社，2011	EFHL
2	《中文专业论文写作导论》（第三版）	陈果安	中南大学出版社，2014	CEFGHIKQ
3	《中文专业论文写作概论》	陈果安、王进庄等	中南大学出版社，2000	AEFGHKNOPQ
4	《中文专业论文写作教程》	吴怀东	安徽大学出版社，2010	EFHKQ
5	《高等教育汉语言文学专业毕业论文的撰写与答辩》（第二版）	周均平	高等教育出版社，2005	OP
6	《中文学科论文写作》	任鹰	中央广播电视大学出版社，2010	ABCEFHIJKNOP
7	《中文学科论文写作》（第二版）	卢卓群、普丽华	中国人民大学出版社，2015	ADEFGHKLP

（续上表）

序号	教材名	作者	出版信息	收录的语言点
8	《中文专业学术论文写作》	邝邦洪	广东人民出版社，2008	OP
9	《大学生撰写毕业论文参考书：汉语言文学与文化传播卷》	于路、刘妍	沈阳出版社，2004	FMNOP
10	《汉语言文学与新闻学毕业论文写作指南》	安徽师范大学文学院	中国文联出版社，2005	FOP
11	《汉语言文学专业自考毕业论文写作教程》	吴智斌	世界图书出版公司北京公司，2003	BDEFHOP
12	《高等学校毕业设计（论文）指导手册：文史哲卷·中国语言文学分卷》	教育部高等教育司、北京市教育委员会	高等教育出版社，2000	EFHP
13	《汉语言文学论文写作》	张利群	广西人民出版社，2000	FGHOP
14	《中文学科论文写作训练》	温儒敏	北京大学出版社，2003	EFP
15	《中文专业论文写作教程》	邝邦洪	广东人民出版社，2003	EIP
16	《语言文学专业学术论文写作导引》	吴怀仁、徐治堂	甘肃人民出版社，2009	CEFHIKOP

　　针对不同的教学目的，教材的性质也不尽相同（见图6-1），其中约有25%的教材为大学写作训练教材，将写作技能项目作为教学内容的重点。总体来看，针对汉语言专业中国学生的论文写作教材对写作技能的重视程度与科研程序和论文规范相比并不高。

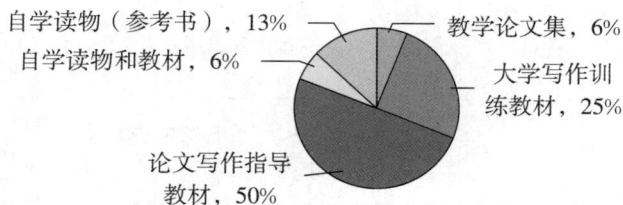

图6-1　针对汉语言专业中国学生的论文写作教材各教材性质

我国目前已出版的相关英语专业论文写作教材近百套，我们在前面关于英语专业论文写作教材调查分析的基础上，选择了 7 套，与针对汉语言专业中国学生的论文写作教材进行比较，找出其中的共同点，作为论文写作教材的"共核"，在此基础上构建学术汉语写作教材的基本内容。基本情况如表 6-2 所示：

表 6-2　7 套英语专业论文写作教材名称、作者及教材收录语言点情况

序号	教材名	作者	出版信息	收录的语言点
1	《高级英文写作教程：论文写作》（第二版）	冯幼民	北京大学出版社，2010	ABRVEFHIKQ
2	《英语专业学术论文写作教程》	文斌	华中科技大学出版社，2010	BRUVEFHOQ
3	《英语专业学士论文写作教程》（第二版）	陆道夫	暨南大学出版社，2012	ABRSUEFGHIJMOPQ
4	《英语专业毕业论文写作指导》	涂朝莲、程建山	华中科技大学出版社，2011	ABVEFHIKPQ
5	《英语专业毕业论文写作》（第二版）	穆诗雄	外语教学与研究出版社，2012	DEFIPQ
6	《英语毕业论文实用指导》	王秀红、芮艳芳	电子工业出版社，2015	SREFKPQ
7	《英语写作：毕业论文写作》（第三版）	李正栓、焦绘宏	北京大学出版社，2015	ABRSTUEF

为直观对比两类教材语言点的选取情况，我们先对各套教材的内容进行了归纳整理。语言点的划分主要以教材各章节内容和书面语写作相关理论为依据，力求全面对比两类教材的异同。例如：《中文专业论文写作导论》（第三版）中第四章"论文的执笔行文"涉及的内容，有论文的基本格式、论文方式、表达方式、语言特色、提纲拟制、规范行文等，并对其中与写作技能相关的语言点进行摘录。我们根据前期对教材内容的统计分析，对两类教材中涉及的语言点进行了整理与编号，其中写作技能相关的语言点共有 A 至 H 8 项（见表 6-3）。

表6-3　两类教材中写作技能相关语言点的编号及具体内容

编号	语言点	针对汉语言专业中国学生的论文写作教材中的具体内容	英语专业论文写作教材中的具体内容
A	表达方式	说明、议论、叙述、描写等	说明、议论、叙述、描写等
B	衔接技巧	过渡、照应等	顺序、比较、对照、因果、举例、概括、明确、态度、总结、解释、递进、条件等
C	表达形式	文字、非文字（图表等）	
D	篇章结构	并列式、递进式、总分式、分总式、综合式等	并列式、递进式、总分式、分总式、综合式等
E	写作方法		下定义、举例子、分类别、解释、描述
F	词语选择		缩写与省略、词语性别、词性替换、专业术语等
G	句法表达		句式、时态、人称等
H	语体表达		书面语语体、主动与被动等

从两类教材内容的相同之处来看，均涉及"表达方式""衔接技巧""篇章结构"3类语言点。由此可见，无论是运用母语还是第二语言进行论文写作，都需要掌握说明和议论为主的语句表达方式和具有逻辑性的段落、篇章衔接连贯技巧。

从两类教材的不同之处来看，以学术英语为代表的非母语学术论文写作教材更加强调语言训练，涉及的写作技能语言点更加丰富，有"写作方法""词语选择""句法表达""语体表达"等。这说明第二语言写作教材更为着重具体论文相关的写作方法和词法、句法以及语体等内容教学，可见二语论文写作需注重基础性的书面语写作训练，将论文写作深入细化以及具体化。

6.2.2　汉语言专业留学生在写作技能方面存在的问题

目前亓华（2006）、仇鑫奕（2009）、李冰（2013）、谷祖莎（2014）、蔡明宏（2016）、张希颖和梁慧慧（2018）等诸多学者在留学生论文指导以及教学实践过程中意识到了留学生论文写作中存在的不足，并对此进行了研究和探讨。除此之外，近年来还有一些高校硕博士研究生通过语料分析、问卷调查、访谈等研究方法对来华留学生的学位论文文本及毕业论文写作过程进行了更加细致深入的量化研究，如主贵芝（2014）、杨凝卓（2016）等发现汉语言专业来华留学生论文中存在诸多问题。

　　主贵芝（2014）调查了复旦大学国际文化交流学院汉语言专业本科留学生的论文写作初稿和终稿，发现留学生在论文文本中常用主观色彩强烈的人称代词"我"引出作者观点或表达作者想法，例如"那时我感觉中国是资源丰富的国家""以我来看，我同意这个意见"。据主贵芝统计，"我"在留学生论文结论初稿中出现的频率为每千字 2.36 次，在留学生论文结论终稿中出现的频率为每千字 2.22 次，而在中文学术期刊中出现的次数为 0。同样留学生汉语学术论文中"想""觉得"等主观化词语的使用频率也普遍高于中文学术期刊。因此我们将其归纳为汉语言专业留学生论文写作中多用主观化词语和感想式语句的问题，并划定为书面语表达能力不足的范畴。我们通过对目前已有调查的分析，归纳总结了汉语言专业留学生写作技能方面主要存在的 14 类问题，并将其归纳为四方面原因（见表 6-4）。

表 6-4　汉语言专业留学生在写作技能方面存在的问题及具体表现

问题原因	具体问题	问题主要表现
汉语基础知识存在漏洞	错别字	形近字混淆；音近字混淆等
	词汇偏误	褒贬不分；量词误用；生造词语；近义词混用
	词性偏误	混淆近义词词性；难以准确选用符合表达意愿的词汇等
	语法偏误	"的"的冗余；"着""了"误用等
	标点符号	母语标点符号负迁移；书名号丢失；对停顿和语气把握不到位；单引号和双引号混用等
书面语表达能力不足	过于口语化	多用感想式语句
	过于主观化	使用主观化词语；缺少论证性表达；使用不确定意词语
	文体混杂	夹杂口语的词语和句式；多用记叙文体
专业知识术语掌握不充分	观点片面	缺少表程度、数量范围的限定词；观点过于绝对化
	表意不周	表拟测、推量的词语、句式过多
	学术汉语词汇不足	语言表达肤浅；论文专业性不足等
篇章表达缺少逻辑性	缺少衔接	衔接作用的副词、连词缺失；缺少过渡性和连结性语句等
	逻辑混乱	思维跳跃，前后无关联；同一观点反复阐述；前后观点矛盾等
	缺少总结	只罗列不总结；总结不充分等

　　具体分析留学生论文写作技能上存在问题的原因，可以发现这与汉语的词汇和语法特点、学生自身情况、教学现状等都有密切联系。

（1）汉语基础知识存在漏洞。

汉语本身存在大量的同音字、形近字、多音字、多义词等，给留学生写作造成了障碍，并且留学生大学本科四年的学习，甚至是六七年的本硕学习都未必能完全掌握汉语的词法、句法，这些汉语基础知识的漏洞在毕业论文写作过程中暴露了出来。由于此类通用汉语基础知识庞杂量大且细微复杂，一般无法通过论文写作课程和论文写作教材进行细致教学，并且一般情况下此类问题可以在论文初步完成后的学生自我检查、同学互助检查、中国学生帮助修改、教师指导等论文修改环节中得以解决，最终极少呈现在学生的论文定稿文本当中。

（2）书面语表达能力不足。

留学生在汉语学习过程中普遍缺乏语体意识，并且通用汉语学习尤其是初级和中级汉语大部分都以口语表达、交际训练为目的，学生习惯将此类主观化、口语化表达迁移到书面语表达当中。对此，一些学者认为目前留学生缺乏语体意识的一个重要原因就是教材缺少语体的相关知识，例如：李泉（2005）曾明确指出现今对外汉语教材的弊病，"从现有教材的实际情况来看，几乎所有教材在语体知识的介绍方面都很欠缺，甚至根本就没有语体方面的注释和说明；几乎所有教材的生词都只标注词性不标注语体；几乎所有教材的练习都不大涉及语体方面的内容。因此，教材编写的语体问题，从理论到实践都需要做进一步深入的研究和探索"。可见留学生语体知识不足的现状亟须改善，在论文写作教材中则需要明确论文写作的文体特点和适用的词汇、句型，同时还可以编写设计语体判断、语体转换、语体改写等训练和练习。

（3）专业知识术语掌握不充分。

学术论文的写作必然涉及所研究专业领域的学术理论，在汉语言文学专业中，"语用""语系""洋泾浜""善本""冰山风格"等汉语语言学和文学领域的学术词汇较为抽象，学生在日常汉语的学习中接触较少。当留学生在写作中需要运用相关词汇时，又难以通过词典、课本等检索查找能够符合其意图的准确学术词汇，由此造成了论文理论性、科学性、学术性不足的问题。在汉语言专业留学生论文写作教材中，可相应附带学科中各研究领域基础性的专业学术词汇表，不但能够为学生查找词汇、写作论文提供便利，还能为学生选题开阔思路。

（4）篇章表达缺少逻辑性。

语言是思维的载体，也是思维的主要表达形式。留学生虽运用汉语进行写作，但往往会不自觉地运用更加熟悉的母语进行写作构思和逻辑思维思考，思维语言和表达语言的不统一，往往会造成写作逻辑混乱和书面表达不流畅的弊端。陈千云（2016）通过对比汉英语言的逻辑连接词指出："汉语缺少形态变化，句子结构较松散，看似是由一个个短句'拼凑'而成，但一个句子却可以体现多层语义关系，而英语句法结构则较为严密，也正是由于这一区别，使留学生在交际和写作中不知所措。"逻辑连接词在逻辑性强的学术论文写作中必不可少，汉语表衔接意义的副词、连词对留学生来说是一个重要的难点，如何选取一个恰当的衔接意词语也是留学生的困惑所在。

6.2.3　汉语言专业留学生论文写作教材写作技能项目语言点的选取

教材写作技能项目语言点的选取应该以解决汉语言专业留学生学术论文写作中存在的困难、为学生写作提供科学的指导为目的，切实提高留学生论文写作技能。Richards 和 Renandya（2002）认为用第二语言或外语写作被认为是学习者最难掌握的技能之一，特别是在自由的学术写作中。其困难在于需要选择和使用适当的词汇、句子和段落，来生成和组织想法，并将这些想法变成可读的文本"。为帮助学生解决写作中的困难，学术论文写作教材中写作技能项目语言点的选取应以能否训练学生正确选取恰当的词汇、句子来生成段落为标准，并依照逻辑进行组织和整合，从而以此为基础准确表述科学研究的过程和结论，最终按照论文规范生成文本。

语言点的选取设计实际上解决的就是教什么的问题，汉语言专业留学生论文写作教材内容选取是为解决学习需求和目标需求服务的。在写作技能项目上，与汉语言专业中国学生的论文写作教材相比，留学生运用第二语言写作更需重视词语、句式的正确选用，篇章的逻辑表达等基础书面语训练项目；与英语专业学术写作教材相比，汉语言专业学术写作应更重视汉语的特定写作手法、汉语内隐严密的表达特点。综合来看，应有所取舍地吸收两类教材中契合汉语言专业留学生论文写作的语言点，根据前文对目标需求和学习需求的分析，可将写作技能相关语言点分为特色词语和句式、特定写作手法、段落和篇章表达三个方面。

6.2.3.1　特色词语和句式

特色词语和句式是指符合学术汉语书面表达特点的汉语词语和句式。学术论文语言是具有客观性、准确性、简洁性、逻辑性等特点的书面语，李玲玉（2017）曾在分析对比中外学生论文写作语言特征时指出汉语论文书面语具有的特点，合偶双音词、古句式、缩略语、第一人称代词"我们"、名词数量、综式句、逻辑性插说语使用较多，并表明具有书面语特征的细项是我们的教学重点，因为出现的这些特征越多，准确率越高，越能证明留学生的写作水平高，汉语学术语言表达能力强。

由留学生写作技能上存在的问题可见，论文文本中出现的使用主观化词语、多用感想式语句、文体混杂、使用不确定意词语、缺少论证性表达等问题均是书面语表达能力不足的表现，学生无法熟练使用具有学术特点的书面语词汇和句式。李泉（2005）认为，"对外汉语教学的根本目的就是培养学习者准确地把握和正确地使用各种语体的能力"，因此具有学术特色的词汇和句式在写作技能的培养中必不可少。

据我们对现有教材的调查，以学术英语写作为代表的第二语言论文写作教材中涵盖大量学术特色词汇训练的相关语言点，如：缩写与省略、词语性别、词性替换、专业术语、句式、时态、人称、书面语语体、主动与被动等。显然，学术语篇的词句特征为第二语言论文写作教材语言点编排的侧重点之一。杨新亮、王亚可（2016）对比发现英汉学术语篇的词句特征存在差异，例如，学术英语语篇中段落的论题、句群结构清晰，词汇的派生词、词汇衔接等语言形式手段更加丰富；而学术汉语语篇往往重在叙述和阐释，概括性结构多于实证性结构，句子主语往往省略，连动结构多，论题概念重复，缺乏派生衔接手段。因此相比学术英语论文写作教材，学术汉语论文写作教材应更为注重阐释等多种表达方式的句式训练、学术汉语语篇中常用的衔接手段等。

学术汉语语篇中的构词尽管缺乏像英语前缀、后缀那样的形态构词手段，但汉语的某些概念构词却极具英语形态的构词功能，具有很强的构词能力。杨新亮、王亚可（2016）发现汉语言专业留学生论文写作过程中涉及的学术词汇众多，如"人文主义""女性观""结构主义语言学"等，其中"化""主义""学""论""观"等词缀在诸多汉语言专业的学术词汇中反复出现。通过教材相关内容的讲授和训练，可为学生文献资料阅读和论文学术词汇运用提供指导，相关汉语言专业学术词汇在该类教材语言点训练中不可或缺。可参考相关教材，结合学术汉语书面语特点，选取具有学术汉语表达特色的相应词汇和句式作为写作技能项目语言点。

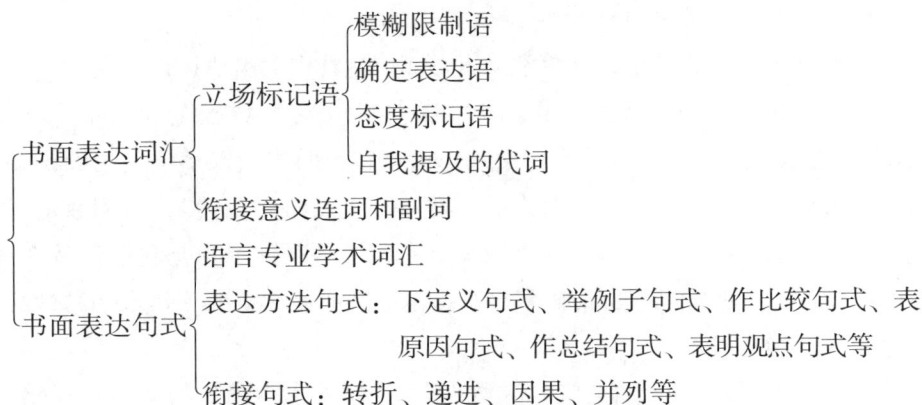

```
                                    ┌ 模糊限制语
                                    │
                             ┌ 立场标记语┤ 确定表达语
                             │          │ 态度标记语
            ┌ 书面表达词汇 ┤          └ 自我提及的代词
            │                │ 衔接意义连词和副词
            │                └ 语言专业学术词汇
            ┤                ┌ 表达方法句式：下定义句式、举例子句式、作比较句式、表
            │                │             原因句式、作总结句式、表明观点句式等
            └ 书面表达句式 ┤
                             └ 衔接句式：转折、递进、因果、并列等
```

书面表达词汇和句式为学生提供学术论文写作规范的语言形式中最为基本的语言材料，在留学生本科阶段已经掌握基本词汇和句式的基础上，起到归纳总结和进阶提升的作用。学术论文中常用的特色词语和句式可体现学术论文语言表达的特点与要求，在教材内容的设计上可从功能角度划分，分板块安排语言点：

（1）增强文章论述的客观性：

①自我提及的代词：例如用"我们""笔者""本文"等词语代替"我"。

②态度标记语：例如用"认为""发现"等词语代替"想""觉得"。

③举例子、下定义等句式和语块。

（2）体现文章论述的准确性：

①确定表达语：表达确定的观点态度和结论等，例如"显著""根本""证明""显示""说明"等。

②模糊限制语：区分程度副词，如"基本""较多""一些""非常""十分""极"等，避免滥用"很"表达程度高低。

（3）体现语言表达的简洁性：

①句式中特定虚词的省略、词语的缩写。

②学术词汇、固定搭配结构。

（4）体现语言和思维的逻辑性：

①表衔接意义的连词和副词，例如"并且""而且""而是"等。

②表衔接的句式和语块，包括转折、递进、因果、并列等，例如"一方面……，另一方面……"等。

6.2.3.2　特定写作手法

学术论文作为议论文体中的一种，以议论为主要写作手法，以说明、叙述为辅助性写作手法，抒情、描写手法在学术论文文本中较为罕见。如若运用不恰当的写作手法，则偏离了论文语言规范的要求。

留学生论文写作技能方面存在诸多由于写作手法不明造成的问题，如：缺少论证性表达、思维跳跃、前后无关联、前后观点矛盾、只罗列不总结，需要对留学生进行写作技能训练。例如，亓华（2006）指出部分论文行文不合文体，其中一篇学生论文题目为"试论老舍语言特色"，开头写道："记得好像是在初中的时候，根据语文老师的介绍，我读了《骆驼祥子》的翻译本。可是那时候也许因为不理解，既没兴奋，也没激动。因此以后我一直对他的作品敬而远之，去年，到中国来留学，我选修了'老舍语言分析'课，并在文选课上学了《骆驼祥子》小说的一部分以及据此改编的剧本，还看了话剧《茶馆》和电影《龙须沟》，我越看越觉得有意思，渐渐被他的作品迷住了。"显然该语段主要运用了抒情和描写手法撰写论文的引言，并不符合学术汉语的语言规范。并且据亓华（2006）调查，此类不符合学术论文语言规范的行文模式在语言学院所选的48篇论文中约占14篇，这显然是论文写作手法指导存在缺失的结果。

根据前文的调查分析，针对汉语言专业中国学生的论文写作教材和英语专业论文写作教材中均包含说明、议论、叙述、描写等写作手法的知识性内容或者是写作手法的句型训练。如：《中文学科论文写作》在"语言的表述"这一节中重点通过对陈述、说明、论述三种表达方式的具体含义、内容组成、作用、例文及分析介绍了学术论文的特定写作手法，但内容笼统、缺少深入的语言训练内容；《英语专业学术论文写作教程》和《高级英文写作教程：论文写作》（第二版）等学术英语教材重点通过设置任务、讲练结合来引导学生自主阅读文本，探究发现各写作手法的特点和作用等，对记叙（narration）、议论（argument）、描写（description）三类写作手法进行训练。因此学术汉语写作教材中特定写作手法语言点可借鉴学术英语教材中讲练结合的形式，设置相应练习题目对汉语论文的议论、说明、叙述等写作手法进行训练。

6.2.3.3 段落和篇章表达

"留学生的毕业论文不是感想文或说明议论文，写作毕业论文是要培养学生基本掌握理论分析、逻辑论证、科学归纳和简要总结概括等论文写作的语体和方法，提高思维力和创造力。"（亓华，2006）留学生的逻辑推理和概括总结能力往往体现在篇章的表达上，论文篇章主要由具有不同作用的语段构成，经由"衔接和连贯"的穿针引线功能，将相对独立的语段连接成完整的整体。根据分析，留学生论文写作教材中篇章表达语言点应包括以下内容：

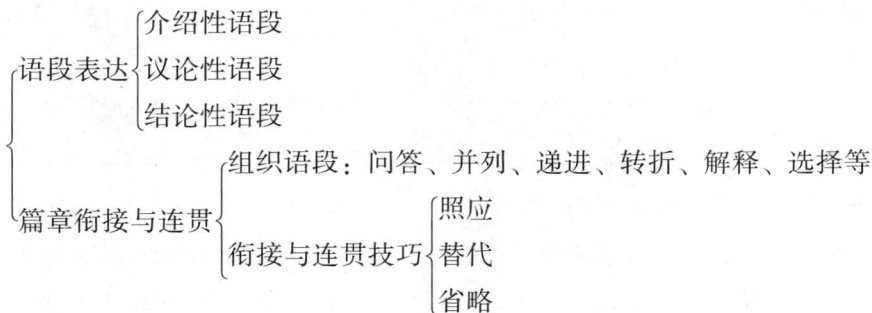

```
           ┌ 介绍性语段
    语段表达 ┤ 议论性语段
    │       └ 结论性语段
    ┤       ┌ 组织语段：问答、并列、递进、转折、解释、选择等
    篇章衔接与连贯 ┤              ┌ 照应
            └ 衔接与连贯技巧 ┤ 替代
                           └ 省略
```

Widodo（2015）通过对高校学术论文写作教材的分析，提出文段写作的四个关键点：统一性、连贯性、细节、语法。这四个"关键点"实际上是评估论文水平的四个考察角度，其中"细节"主要在论文规范和科学研究过程中表现出来，

而其余的"统一性""连贯性""语法"都主要在篇章中得以展现。语段则犹如一块块拼图，经过连接共同构成了完整的篇章。学术论文篇章中的语段按照作用分为三类：

（1）介绍性语段：论文的摘要、引言、章节中的第一段等都是介绍性语段。该内容一般是表达重要性和意义、介绍概念、叙述背景等，涉及的写作技能有下定义、表态度、探究原因等，同时需要学生具有提取关键信息的能力。

（2）议论性语段：论文中陈述和议论部分如文献综述、正文的论述过程等往往都是议论性语段。内容大多论证作者的观点、研究过程、研究结果的分析等，涉及的写作技能主要有作比较、分析原因探究、举例子、分类别等方法，需要学生具有逻辑思维和逻辑表述的能力。

（3）结论性语段：论文中结论以及摘要中的部分内容等有结论性语段。内容一般是对研究成果的总结、解决方法的提出、现状的概括等，涉及的写作技能有因果表达、下结论等，需要学生具有总结概括的能力。

衔接和连贯是语段之间的黏合剂，是构成语篇必不可少的一部分。涛亚（2000）指出："连贯指的是语篇中语义的关联，连贯存在于语篇的底层，通过逻辑推理来达到语义连接，它是语篇的无形网络。""连贯不但要依靠语篇表层结构中各个句子之间的衔接，而且要符合语义、语用和认知原则。衔接与连贯的关系通常表现为：通过衔接手段达到语义连贯；不使用衔接手段，语义依然连贯。"衔接与连贯的技巧与书面语表达训练语言点部分表示衔接的词汇相比，主要通过隐含的内在替代、照应、省略的关系来起到连贯作用，更加符合汉语逻辑内隐性和表达含蓄性的特点，与中国学生论文写作教材中的衔接技巧一致。

6.2.4　汉语言专业留学生论文写作教材写作技能项目语言点的切分与排序

6.2.4.1　切分设计

语言点的切分是指对较为复杂的语言点进行横向切分，采取分散细化的原则安排在教材设计中，从而达到化难为易的效果，同时有巩固学习内容、降低学习难度、缓解学生学习畏难情绪等作用。根据对教材写作技能项目语言点切分方式的调查统计，23 套相关教材主要有 5 种语言点切分方式（见图 6-2）。

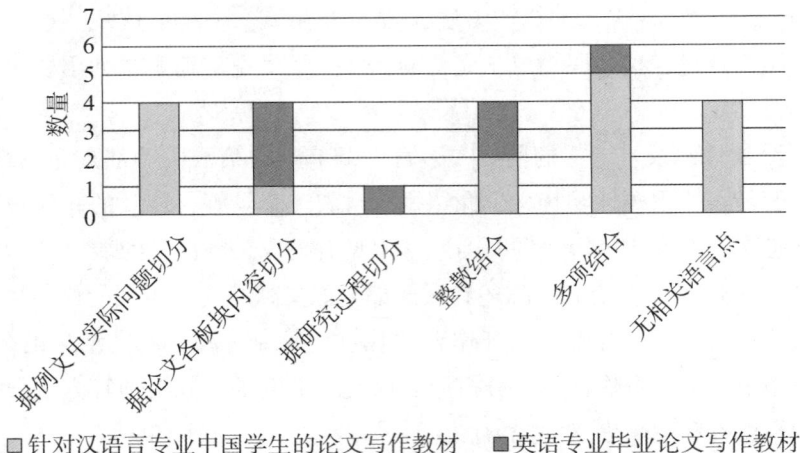

图 6-2　两类教材写作技能项目语言点切分方式

（1）化整为零。

据例文中实际问题切分、据论文各板块内容切分与据研究过程切分三类切分方式，均属于化整为零的切分方式。在本次调查的 23 套教材中，除去 4 套没有设置相关写作技能训练的教材外，采用该切分方式的教材共 9 套，约占 39%。

据例文中实际存在的问题对写作技能进行切分的教材共计 4 套，全部为教学对象为运用母语进行论文写作的学生，该类教材一般不强调写作技能的训练，语言点数量少，分布零散。以吴智斌的《汉语言文学专业自考毕业论文写作教程》为例，对论文写作手法和段落组织的指导集中于对学生论文范例的评析中，并未设置系统性的指导内容。例如："本论第二部分的最后，作者用总结性的话语对上述分论点进行简要的点明，并辅以作品分析与论述，更显论证严密""作者指出新历史小说'当下性'的第一个表现，运用引用论证和举例论证相结合则更有论述力量""论文结论部分，作者用了一个排比句和简洁精练的语言对论文中心论点进行了概括总结，应该说是比较成功的结尾的写法"。

据论文中摘要、正文、致谢、结论等各板块内容进行切分的教材共计 4 套，其中 3 套教材为针对运用第二语言进行论文写作的学习者，剩下的 1 套是《中文学科论文写作》（任鹰）。该类教材将写作技能训练相关语言点依据论文各板块语言特点，进行具体训练，常给出特定句式和词汇为各板块的语言组织提供参考，因此针对性较强。以李正栓与焦绘宏的《英语写作：毕业论文写作》（第三版）为例，该教材对论文写作各个模块的固定词句和特殊句式进行分别训练：在摘要和关键词部分训练主题句、主体句、结束句等句式；在致谢部分对致谢词的开头格式进行训练；在正文写作部分对举例子、表强调、表对比或转折、表次序、表并列、表对照、表递进、表因果、表推理、表让步、表目的、表解释、表时间、表总结等不同作用的过渡词进行分类训练；在句法特点和语篇特点中训练语篇连贯的词汇和语法手段。

据研究过程进行语言点切分的教材仅有涂朝莲与程建山的《英语专业毕业论文写作指导》1 套。该教材将语言训练与论文的科学研究过程相结合进行语言点的切分。例如在研究的准备阶段，分别训练了因果关系、比较与对比、分类、例证、下定义等语言点；在研究方法指导中分别针对综合方法和分析方法、启发式方法和演绎方法、定性方法和定量方法等科学研究过程中设计的特定词句和段落进行具体训练。

（2）整散结合。

整散结合的写作技能项目语言点切分方式即在系统性梳理论文写作的手法、句式等内容的基础上，结合论文的具体规范、科学研究过程等内容进行有针对性的指导。在本次调查的 23 套教材中，除去 4 套没有设置相关写作技能训练的教材外，采用该切分方式的教材共 4 套，约占 17%，其中针对汉语言专业中国学生的论文写作教材与英语专业论文写作教材各占两套。以冯幼民的《高级英文写作教程：论文写作》（第二版）为例，该教材对写作技能与写作语言训练的相关语言点采取整散结合的切分方式：一方面，系统性地梳理叙述、描写、举例、因果关系、定义、比较对比、分类等七大论文写作中常用手法与句式；另一方面，将其他论文写作微技能切分并编排在论文各模块的撰写与科学研究中，如英语衔接手段、撰写主题句、撰写文章开头和结尾、综合运用学术成果等。该类语言点整散结合的切分方式将知识板块整合得较为严密，逻辑清晰，为语言能力不强的用第二语言写作的学习者提供了更为基础的系统性书面语写作训练，同时与论文文体的具体写作与研究程序相结合，更具实践性与针对性。

（3）多项整合。

多项整合的写作技能项目语言点切分方式即并未对写作技能的各项语言点进行逐项指导与训练，而是将一般学生写作论文时常出现的语言表达问题以论文语言修改等形式在教材中出现。在本次调查的 23 套教材中，除去 4 套没有设置相关写作技能训练的教材外，采用该切分方式的教材共 6 套，约占 26%，其中针对汉语言专业中国学生的论文写作教材共 5 套，如《中文专业论文写作教程》《汉语研习与论文写作》，另有 1 套为王秀红与芮艳芳的《英语毕业论文实用指导》，该套教材依据写作中出现的问题形式，将写作技能相关语言点切分为语法和句法错误、论证逻辑不清楚、文体风格不符合论文要求三个方面分别进行书面语写作的训练，论文正文写作部分"论文写作常见的语言问题及对策"中将相关语言点切分为选词问题、语法问题、篇章问题三类语言点。

分析现有相关教材中写作技能项目语言点的切分方式，可以为汉语言专业留学生论文写作教材寻找契合其教材特性的切分角度提供思路，提升教材的适用性。因此基于现有教材编写经验以及学者对学术汉语写作教材编写理念与原则的设想，我们对教材中写作技能项目语言点的切分提出两点建议：

首先，教材需要对写作技能训练进行适当适量的系统性切分。汉语言专业留学生论文写作教材的教学对象为汉语基础相对薄弱、书面语写作能力不强的汉语学习者，系统性的书面语能力训练有利于帮助留学生理清语言点之间的联系，梳理清晰的知识脉络。因此应选取最基本、最常用的语言项作为基础阶段的系统性教学内容。在汉语论文写作中，下定义、举例子、作比较、表原因、概括总结、表明观点等论述手法是组织安排论文语言的基本方式，是第二语言论文写作技能训练的核心语言点，进行系统性指导和训练有利于学生从整体上把握论文写作语言，内化论文写作书面语语言体系。

其次，教材应将写作微技能化整为零，与论文各模块的具体撰写指导相结合。教材中虽涉及大量汉语书面语的词汇、句式、段落和篇章语法的训练内容，但最终是为论文写作服务的，语法训练不能脱离论文文体。撰写符合论文语言科学性、逻辑性、客观性等特点的学术篇章，需要运用特定写作技巧，应将立场标记语的使用、汉语言专业学术词汇、各词句和段落间的衔接与连贯方法等写作微技能贯穿于汉语言专业论文写作指导中。此外，例如学术语篇中的衔接与连贯不仅是组织语言进而成文的必要手段，更是体现论述观点的工具，对较为复杂的衔接与连贯语言点可切分为运用连接词等基本的连接成分、运用省略和替代等连接方式、语意连贯等部分，并将语言点编排于语言技能训练和提高的不同阶段。

6.2.4.2 排序设计

语言点的排序是指教材中对语言点进行编排的特定顺序，教材的教学对象、教学内容、编写理念各不相同，因此针对运用母语写作的汉语言专业论文写作教材与针对二语学习者的英语专业论文写作教材在对写作技能项目语言点的编排顺序上也不尽相同。根据对教材写作技能项目语言点排序方式的调查统计，23套相关教材主要有三种语言点排序方式（见图6-3）。

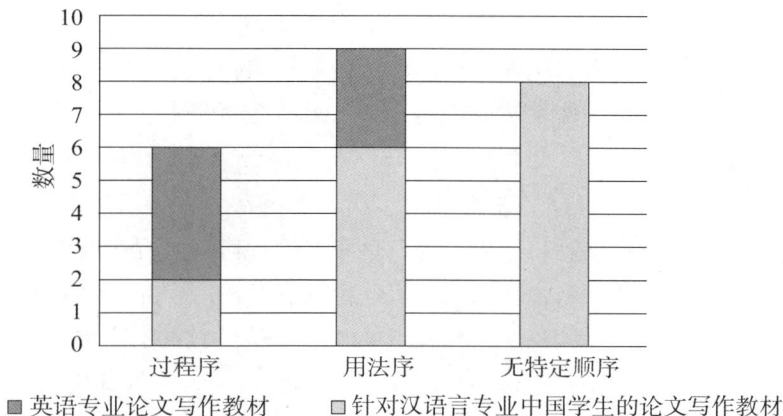

图 6-3　两类教材写作技能项目语言点排序方式

（1）过程序。

过程序即按照语言点在论文写作过程以及论文科学研究过程中出现的先后顺序进行排序，在本次调查的 23 套教材中，采用该排序方式的教材共计 6 套，约占 26%，在三种排序方式中所占比例最小。其中英语专业论文写作教材共 4 套，约占该类教材的 67%；针对汉语言专业中国学生的论文写作教材共计 2 套，约占该类教材的 33%。调查结果显示，英语专业论文写作教材（同时也是第二语言论文写作教材）相较而言更多采用根据写作和研究的过程对语言点进行排序的方式，例如陆道夫的《英语专业学士论文写作教程》（第二版）依照论文的固定结构，即论文整体篇章，从摘要的撰写开始，直至论文结论，依次指导和训练的语言点顺序为：时态，学术词汇的简写和缩写，论题句、态度表达句等特殊句式，直接引用、重述、写概要、举例、下定义、比较与对照、解释、描述等具体的写作手法，过渡的方法以及衔接与连贯的词汇和句式等。该写作技能项目语言点的编排顺序基本符合学生实际撰写毕业论文时运用各语言技能的先后顺序，能够为学生写作过程的顺利推进提供特定指导。

（2）用法序。

用法序即教材按照从常用到非常用，从结构、语义深入到语用等用法对写作技能项目语言点进行编排。在本次调查的 23 套教材中，采用该排序方式的教材共计 9 套，约占 39%，在三种排序方式中所占比例最大。其中英语专业论文写作教材共 3 套，约占该类教材的 33%；针对汉语言专业中国学生的论文写作教材共计 6 套，约占该类教材的 67%。例如冯幼民的《高级英文写作教程：论文写作》（第二版）根据各写作手法在论文撰写中的使用频率与难易程度进行排序，在七个单元中分别训练了叙述、描写、举例、因果关系、定义、比较对比、分类等七项语言点。在具体语言点的训练中，主要采用从结构到语义最终深入到语用的编排顺序，目的是使学习者从掌握各写作手法的语法结构、特定句式等较为容易的内容入手，进而掌握该写作手法的表达意义，最终将写作手法灵活运用于论文各个模块的写作中。

（3）无特定顺序。

除过程序与用法序两种排序方式外，剩余 8 套针对汉语言专业中国学生的论文写作教材的写作技能项目语言点均没有特定顺序，约占全部教材的 35%，约占针对汉语言专业中国学生的论文写作教材的 50%。该类教材不注重写作技能项目的系统性训练，大多仅是提示学生注意某语言点的运用，不作详细指导和解释。我们发现，两类教材的教学对象分别为运用母语进行论文写作的学生与运用第二语言进行论文写作的学生，因此教学的重点和难点存在差异，训练学生运用母语进行论文写作的教材大多注重写作的专业性、针对性和学术性。教材编写的主要目的是培养学生论文写作的创新性，提高学生的科研能力，或帮助学生运用所学的基础知识在导师的指导下完成总结性作业，运用科学的方法发现和分析解决本学科的某些问题，这显然与将汉语作为第二语言的论文写作教材的编写目的不一致，对留学生论文写作教材写作技能项目语言点排序的参考价值不大。

通过分析现行相关教材中写作技能项目语言点的排序方式，我们发现有必要依照特定顺序对汉语言专业留学生论文写作教材中写作技能项目的相关语言点进行排序，现就此提出几点建议：

第一，对写作技能项目语言点的排序应以用法序为主。该类教材的教学对象为汉语作为第二语言的学习者，学习者侧重将写作技能知识运用于论文写作的过程中，而不同于单纯的语法学习。因此在对写作技能项目语言点进行排序时，不仅注意汉语自身的规律，还应遵循学生在论文写作过程中对学术语篇的整体认知规律和语言习得规律，即由易到难、由浅入深、由简到繁。

在对该领域教材编写的进一步探索中，可根据汉语言专业论文的实际语篇对各写作手法及写作技巧进行频率统计，确定论文写作基本技能中的常用手法、非常用手法、罕用手法等，从而为教材编写中写作技能项目语言点的选择和安排提供可供参考的科学依据。除此之外，句式之间的难易程度差异、相关性，某些句式表达上存在的相似性和差异性，语言点之间的联系等，都密切影响语言点的编排顺序规律，但学界的研究结果少之又少，只有尽早制定汉语论文写作的相关教学大纲，统一和明确课程的教学目标和相关语言点在教学中的地位，才能切实推进该类教材的编写和出版工作。

第二，根据汉语作为第二语言的习得顺序规律排列语言点。与母语习得相比，第二语言习得有特定的习得顺序，该习得顺序同时也是教材语言点排序的主要依据之一。学术英语教材与中文论文写作教材以及不同版本的教材中对下定义、举例子、作比较、表原因、概括总结、表明观点等论述手法语言点的排序各不相同，且汉语作为第二语言的习得顺序与汉语作为母语的习得顺序均不相同，相关教材的语言点排序对该类语言点的排序并无直接借鉴意义。因此应参照《高等学校外国留学生汉语教学大纲》《汉语水平等级标准与语法等级大纲》等各类材料，对各语言点的难易程度作出详细分析，结合留学生习得顺序理论设计基本符合留学生汉语习得顺序的写作技能相关语言点排序形式。

第三，语言点排序应逐步深化、层层递进。论文写作教材作为汉语高级阶段写作教材中的一类，不同于初级阶段的"化零为整"，而是在留学生所学基础知识之上深化提升，并明确词汇、句式、段落的教学是为学术语篇写作服务的，最终目的是形成符合学术语言规范的相应篇章内容。此外还应协调各语言点在各课内的均匀分布、语言点在教材前后的复现比例等因素，遵循由易到难、循序渐进和语言点难度螺旋式上升的原则，使学生在较短时间内接触较多的语言点，尽量运用于写作中，同一语言点的反复出现，可加深学生印象，符合认知规律和语言学习特点。

6.3　论文规范项目的选择与排序

学术论文与留学生以往学习的记叙文、散文、应用文等文体相比，有极强的规范性。其规范性主要体现在论文结构安排固定、论文格式有具体严格的要求、论文写作过程较为统一等方面。但就目前留学生毕业论文的写作现状来看，实现论文的规范化任重道远。

究其原因，除留学生书面语表达水平有限之外，关键在于汉语言专业留学生缺少规范化的标准和指导。例如亓华（2006）曾提到："笔者希望能在《高等学校外国留学生汉语言专业教学大纲》中，早日见到有关'毕业论文指导规范'的内容，以使目前处在自由随意状态缺乏统一标准的各高校汉语本科专业外国留学生的毕业论文指导工作，走上规范化、科学化的轨道。"因此该类教材有必要划定具体详细的论文规范，为留学生学术论文写作提供可供参考的依据。

6.3.1　相关教材中论文规范项目语言点的调查

本书调查了共计 16 套针对汉语言专业中国学生的论文写作教材，其中约50%的教材性质为论文写作指导教材，将"论文规范"作为教学重点，约6%的教材性质为教学论文集，主要将真实的优秀学生毕业论文或者专家学者撰写的文献作为教学内容，使学生直接了解具体论文的规范格式和语言。由此可见，相比写作技能项目与科研程序项目，针对中国学生的论文写作教材更为重视论文规范项目的教学。

从 16 套教材的内容上看，大部分教材的内容都集中于如何安排论文结构与如何收集整理文献材料上，知识性的内容占据绝大多数篇幅，仅有 1 套在每章末尾处设置了"思考与训练"的练习题，但该练习是以注重引发学生思考的论述类问题形式呈现，没有附带参考答案，也没有配套教师用书。在范文和例文的选取上，有 87.5% 的教材选取了学科专家的学术论文作为范文或者本科学生的优秀毕业论文作为例文，并且几乎所有的学生例文都附带点评和指导说明，而 12.5% 的教材中没有任何形式的学术论文范例。

本书调查的 7 套英语专业论文写作教材关于论文规范项目的练习则更为丰富，范文也更充足。7 套教材全部采用国内本科学生的学术论文作为实例，实用性和针对性强。此外，教材大多重视写作过程中的思辨阶段，尤其是通过对论文提纲和开题报告的语言、格式、规范、内容等详细具体的教学，培养学生思维的逻辑性和语言的条理性。冯幼民的《高级英文写作教程：论文写作》（第二版）则是通过任务的方式训练学生对论文具体板块的摹写。例如，在学术论文结构的语言点训练中，共有难易程度及形式各不相同的 11 项任务，教材中练习题附有相应答案，并配有教师手册。我们对每套教材中收录的论文规范相关语言点进行分析对比后，发现相关教材涉及的论文规范项目有诸多重合的语言点。根据学术论文具体规范的内容，语言点共归纳为 4 类（见表 6-5），并比较了两类教材对这 4 类语言点具体内容的选取比例（见图 6-4）。

表 6-5　两类教材中论文规范相关语言点的编号及具体内容

编号	语言点	针对汉语言专业中国学生的论文写作教材中的具体内容	英语专业论文写作教材中的具体内容
I	论文结构格式	题目、引言（引论）、摘要、关键词、英文摘要和关键词、正文、结论、参考文献、致谢、附录	题目、引言（引论）、摘要、关键词、正文、结论、参考文献、附录
J	论文写作过程	选题、搜集资料、拟定提纲、撰写开题报告、内容表达、修改与定稿、答辩等	选题、搜集资料、撰写提纲、内容表达、修改与定稿、答辩等
K	论文类型	评论类、论述类、说明类、述评类	分析评论类、论点商榷类、理论探讨类、论点述评类、描述简评类等
L	论文风格特点	准确性、理论性、科学性、创造性等	客观性、准确性、科学性、逻辑性等

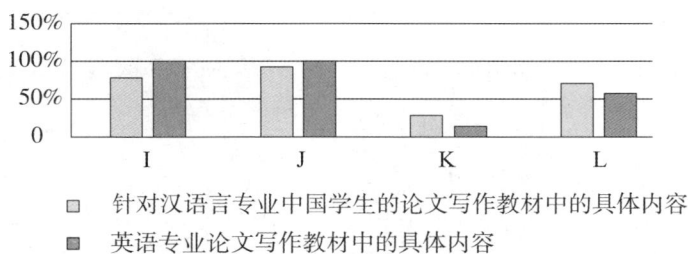

图 6-4　两类教材分别收录 4 类论文规范项目语言点比重

□　针对汉语言专业中国学生的论文写作教材中的具体内容
■　英语专业论文写作教材中的具体内容

可见，无论是英语论文还是汉语论文，无论是中国学生撰写还是留学生撰写，论文规范项目涉及的语言点几乎是一致的。"英汉学术语篇在段落结构布局上存在一定的共性特征，即以论题或背景概述开篇，具体例证或逻辑推理句群展开，说明与议论句群构成其重要的段落组成部分。"（杨新亮、王亚可，2016）学术英语教材和针对汉语言专业中国学生的论文写作教材涉及的论文规范相关语言点，虽在不同教材中所占比重不同，但此类知识性内容非常相似。例如均有论文结构格式、论文写作过程、论文类型、论文风格特点等论文文体相关的基础知识。因此此类基础知识在汉语言专业留学生论文写作教材中必不可少。

对比各语言点的收录比例可以发现：除了极少数的教材外，几乎全部教材均有"论文结构格式"和"论文写作过程"这两项语言点，体现了这两类知识在论文写作教材中的基础性地位；"论文风格特点"语言点较前两项收录较少，但在两类教材中均超过了 50%；"论文类型"语言点收录最少，均在 20% 左右，汉语言专业留学生论文写作教材是否需要选取此类语言点，还需结合学生需求进一步研究和分析。

6.3.2　汉语言专业留学生在论文规范方面存在的问题

目前汉语言专业留学生论文写作中的论文规范还存在欠缺，除金兰（2002）、仇鑫奕（2009）等对留学生论文写作中存在的问题作了整体分析之外，另有王晓澎和方玲（1994）、吕军（2007）、蔡明宏（2016）、刘婷（2018）等专门研究了留学生在文献综述写作过程中存在的问题。研究普遍指出留学生主要在着手写作时对论文的整体框架认识不足，具体展开后在论文题目、论文摘要和关键词、论文参考文献等板块的写作上往往不符合论文规范，生成的初稿文本存在大量标题级别、序号、空格方面的格式错误。根据前文的调查，相关问题表现可简单列举如表 6-6 所示。

表6-6　汉语言专业留学生在论文规范方面存在的问题及具体表现

问题原因	具体问题	问题主要表现
论文文体认知不足	缺乏对论文特点的了解	把评论、知识短文、翻译教学、会议纪要等都当成了学术论文
	论文框架不清晰	论文写作不知从何下手等
论文框架结构不当	题目不当	题目含糊空泛，缺乏针对性；题目过于冗长；文不对题；滥用副标题等
	摘要错误	摘要与论文内容脱节
	关键词错误	关键词数量不合标准；关键词位置错误；关键词选取随意；关键词与论文内容关系不大
	参考文献错误	排序不规范；格式不统一；引用不规范、不权威；网络文献过多
论文格式错误	页码标写错误	页码位置、起始页、终止页标写错误
	各级标题及序号错误	序号、小标题标写错误

（1）论文文体认知不足。

留学生论文结构上错误较多与缺乏对写作过程和论文风格特点以及论文类型的感性认识有关。对此，邓淑兰（2017）曾提出通过培养留学生文体图式意识提高留学生毕业论文写作能力："文体图式是一种用来表达文章形式信息的'形式图式'，是存在于作者心目中的文章的'标准样式'。"周遂（2005）认为，"文体图式往往是阅读者在其阅读活动中经过无数次的同化和顺应形成并不断完善起来的。文体图式一旦形成，它就能成为学习者写作时追求的目标，这种目标指向性能对写作发挥有力的指导作用"。留学生通过加强文体输入和训练，经相应表达方式将文体图式内化，可具备明确的文体意识从而获得文体的迁移能力，能自觉遵循毕业论文写作规范，创作符合论文文体图式的篇章。对此邓淑兰（2017）认为"教师应适宜地对学生普遍感兴趣的论文选题进行相关论文的介绍、评析，使学生了解其写作形式，有效帮助学生建构文体图式"。

（2）论文框架结构不当。

论文的框架结构主要有题名、序或前言、中英文摘要和关键词、目录、引言、正文、结论、致谢、参考文献、附录等内容，除前言和附录是对文章内容的说明和补充外，其他结构都是论文文体规范中严格规定的板块。除此之外，论文的结构格式不单单是对论文写作形式的规范和要求，更是对科学研究的指引，从文献综述到主体研究内容再到结论，正符合了科学研究和逻辑思考的程序和过程。学生在此部分存在的错误多种多样，其中题目、摘要、关键词、参考文献这四个板块存在的问题较为突出。这也直接反映出留学生对论文各个结构的规范缺乏了解，教师指导和课堂教学缺失，在毕业论文写作前学术论文写作训练和练习不足。

（3）论文格式错误。

学术论文的具体格式在一般情况下极为固定，各高校论文指导手册以及《高等学校毕业设计（论文）指导手册》中均有明确的规定可供参考。例如《中国人民大学毕业论文指导手册》就对论文中的各级序号标写作了详细说明："各层标题均单独占行。第一级标题居中放置；第二级标题序数顶格放置，后空一格接标题内容，末尾不加标点；第三级和第四级标题均空两格放置序数，后空一格接标题内容。第四级以下单独占行的标题顺序采用 A．B．C……和 a．b．c……两层，标题均空两格放置序数，后空一格接标题内容。正文中对总项包括的分项采用（1）（2）（3）……单独序号，对分项中的小项采用①②③……的序号或数字加半括号，括号后不再加其他标点。"此外，还对外文字母、图表、注释和注文、参考文献、附录等内容的格式有相应规定。

6.3.3 汉语言专业留学生论文写作教材论文规范项目语言点的选取

6.3.3.1 论文框架和格式规范

Richards & Renandya（2002）提出写作学习的活动顺序通常为：①熟悉：学习者通常通过文本了解规范文章的概况；②受控写作：学习者模仿给定的模式；③指导性写作：学习者操纵模型文本；④自由写作：学习者运用他们开发的模式来写一篇文章等。留学生学习论文写作的过程也遵照同样的顺序，而论文问题的类型与特点部分的语言点主要是写作活动的第一阶段——熟悉论文文体的框架和格式，形成对学术论文文体的认知。

对教材语言点的统计发现，分别有 100% 和 67% 的英语专业论文写作教材和针对汉语言专业中国学生的论文写作教材涵盖论文框架和格式类规范语言点，可见其在论文写作类教材中是重要基础性知识点。此外，留学生普遍存在不了解论文的特点、不清楚论文的框架等问题，论文基本框架和论文格式作为论文规范的总括性知识，主要为解决留学生对论文文体认知不足的问题，使学生在准备论文写作前首先对文体产生直接的认知，在接下来与真实文本的接触过程中有意识地内化论文规范，形成论文文体图式。结合学习需求与目标需求，论文框架和格式类语言点主要有：

论文基本框架
框架：题名、序或前言、中英文摘要和关键词、目录、引言、正文、结论、致谢、参考文献、附录等
框架范式：优秀学生论文、期刊学术论文

论文格式：各级标题、外文字母格式、标点符号、图表、注释等格式模板

论文框架和格式部分的内容主要为学生提供可供参考的规范要求以及模型，并辅以适量的训练，除此之外还可在教材中附论文结构格式规范评估表，供学生在论文初稿完成之后进行论文结构格式自我评估，以逐步修改完善。提供自我检核和同学间校对的同时，鼓励学生进行批判性思考和独立自由写作，而不是过分依赖教师的指导，以减轻教师的单独论文指导工作负担。

6.3.3.2 论文摘要和关键词规范

摘要是学术论文主体部分之前，用以概括说明研究目的和意义、研究方法、结果和最终结论的板块，起到方便读者快速了解论文内容的作用，其后常紧跟关键词，以表示全文主题信息，起到索引作用。根据前文对留学生论文写作问题的统计分析可以发现，留学生在论文文本中存在摘要与论文内容脱节、关键词数量不合标准、关键词位置错误、关键词选取随意、关键词与论文内容关系不大等问题，需要在教材中设置相关摘要和关键词写作训练的语言点。

本次调查中的全部英语专业论文写作教材以及67%针对汉语言专业中国学生的论文写作教材中均包含论文摘要和关键词部分的语言点，其内容主要以介绍性形式呈现，具体包括摘要的定义、摘要的作用、摘要的组成要素、什么时候写作摘要、怎样写作摘要、关键词的数量、关键词的选取原则等。

部分英语专业论文写作教材则给出更为模式化的论文摘要的规范性词汇，为学生实际的写作提供参考。例如《英语专业学士论文写作教程》在"摘要的写法"章节中给出了一些英文摘要常用的句型表达，如："This paper argues (demonstrates)…" "The author (writer) of this paper tries to give an account of…" "In light of …theory, discussion is made about…in this paper." "Based on…, this paper first categorizes…and then tentatively sets out…"其后，另给出一篇标准的论文摘要范文，并具体分析了文段中的人称、时态、全称和简写、语态等具体语言规范，为学生写作提供了写作的半固定套路。在注意汉英语言差异的基础上，汉语写作教材可借鉴其语言点的训练形式，即知识性介绍内容与具体摘要句式模板相结合。相应句式的选择应在调查研究学术汉语论文摘要特点和常用词汇、句式的基础上，总结学术汉语摘要的基本句式，为汉语言专业学生论文摘要板块的写作提供具体化和规范化的指导。

6.3.3.3　论文参考文献引用规范

学术论文与其他文体的一个关键区别是，其研究是在前人的科研成果基础之上进行的，尤其是学生的毕业论文。为支撑论述依据、交代论文相关领域的研究现状和背景等，在论文中必定会提及前人的学术理论或观点、研究数据、研究结论等，若学术论文文献引用错误、滥用文献、缺少论文出处信息等则被视为学术不端。留学生在论文写作中由于缺乏相关知识和训练，存在文献引用和注释错误的问题，如：排序不规范，格式不统一，引用不规范、不权威，网络文献过多等，一般毕业论文写作是本科学生首次接触该文体，引用的方法在学术规范中有较为标准严格的规定，因此留学生毕业论文写作教材中文献引用和注释方法相关语言点必不可少。

汉语论文写作教材中涉及的参考文献引用规范内容几乎相同，主要包括：直接引用和间接引用等引用方法，专著、期刊、报告、互联网文章等多种来源参考文献的注释方式、具体序号及格式要求等。

6.3.4　汉语言专业留学生论文写作教材论文规范项目语言点的切分与排序

6.3.4.1　切分设计

与写作技能训练和科研程序指导相比，论文规范项目语言点有较为具体明确的范式作为参考，有相应的模板可以套用，因此多数情况下较少成为困扰学生论文写作的难题和科学研究的障碍。在留学生最终的文稿中该项语言点几乎不存在错误，因此论文规范项目语言点虽然在教材中必不可少，但通常不被视为相关论文指导教材教学的难点。对教材论文规范项目语言点切分方式的调查统计结果显示，23 套相关教材主要有三种语言点切分方式（见图 6-5）。

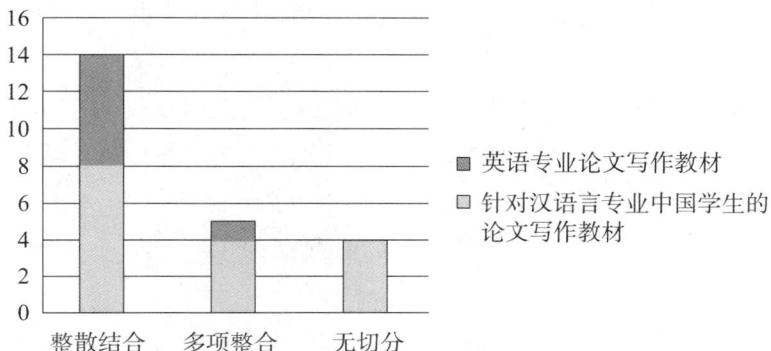

图 6-5　两类教材论文规范项目语言点切分方式

（1）整散结合。

整散结合的论文规范项目语言点切分方式是指在对论文的整体特点、结构框架、格式规范等内容进行整体的指导之外，切分出其中某些重点或难点内容进行具体有针对性的训练。在本次调查的23套教材中，采用整散结合切分方式的教材共14套，约占61%，是三类切分方式中运用最多的一类切分方式。其中，指导学生运用第二语言进行论文写作的英语专业论文写作教材共有6套采用该切分方式，约占调查中全部英语教材的86%，可见该切分方法在学术英语写作指导教材中运用非常广泛，较为成熟。

例如陆道夫的《英语专业学士论文写作教程》（第二版）首先在绪论中对论文的文体及规范进行简略的整体介绍；其后在教材第四章的学士论文具体撰写指导中将语言点切分细化，结合论文的摘要、致谢、结论等各板块内容，详细训练论文的基本格式以及各部分的具体论文规范；最后在教材第五章对学士论文的格式规范进行切分，分别训练具体的引文格式、注脚和注尾的格式、中文参考文献的格式等论文规范项目语言点。与之相似，许多中文论文写作教材也常采取该切分方式，陈果安的《中文专业论文写作导论》（第三版）在绪论中整体介绍了本科生论文写作的学术规范、基本类型、论文的特点等内容，随后于教材第四章具体训练论文各板块的基本格式、论文的规范行文等，附录中进一步为学生论文写作格式规范提供论文的校对符号及其用法、关于出版物上数字的用法等参考性文件。

（2）多项整合。

部分教材采用多项整合的切分方式处理教材中的论文规范项目语言点，一般在教材的绪论或总说章节中对论文的特点类型和结构格式等多项内容进行合并，整体进行概念性的介绍。在本次调查的23套教材中，采用多项整合切分方式的教材共5套，约占22%；其中针对中国学生的中文论文写作教材有卢卓群的《汉语研习与论文写作》等共计4套。另有教学对象为第二语言学习者的英语论文写作教材1套，即涂朝莲、程建山的《英语专业毕业论文写作指导》，该教材第一章"Introduction"中对论文规范项目进行指导，包括论文的定义、特点、结构、框架格式等内容，为首次接触学术论文文体的本科学生提供初步的知识性和概念性介绍，但对论文的引用规范、论文参考文献格式等具体论文规范项目的训练存在不足。

（3）无切分。

在本次调查的23套教材中，4套教材的论文规范项目语言点并未进行切分，全部为针对中国学生的中文论文写作教材，该类教材并未对学术论文写作规范进行训练与指导，如周均平的《高等教育汉语言文学专业毕业论文的撰写与答辩》

在附录中为学习者提供《学术学位论文质量量化评价标准（试行）》《学位授予的有关规定》等文件；邝邦洪的《中文专业论文写作教程》书末附《中华人民共和国学位论文和学术论文的编写格式》，为学生论文格式的确定和修改提供参考。

通过分析对比现行相关教材中论文规范项目语言点的切分方式，可以发现各教材语言点切分的优劣之处，因此基于现有教材的切分方式对汉语言专业留学生论文写作教材中论文规范项目语言点的切分提出以下建议：

第一，论文规范项目语言点的切分可采用整散结合的切分方式。教材中论文规范项目语言点的编排应在学术论文写作的三个阶段分别发挥不同的作用：第一阶段整体介绍和知识普及，培养学生对学术论文文体的整体认识；第二阶段对特定论文规范中的难点进行指导，帮助学生跨越论文写作障碍；第三阶段为论文具体内容的修改与自行检测提供参考。因此，在整体概念性内容介绍之后，还应将论文的引用规范、参考文献撰写规范、摘要和关键词规范等零散的语言点切分于论文各模块具体撰写的训练中。

第二，留学生论文写作教材语言点的设计在除遵照循序渐进、由易到难等编写原则之外，还应注意详略得当。因为学术论文规范从结构到格式，从符号使用到字体段落，所涉及的知识量繁多，但教材篇幅和课堂学习课时有限，因此论文规范项目语言点的切分应注意详略得当。相对固定的标点符号、字体段落格式等规范性内容可相对略写，仅提供参考的条例或文件，而对于摘要和引用规范等难点内容可进行相对详细的训练和指导。

6.3.4.2　排序设计

论文规范项目语言点与写作技能项目语言点相比，内容较为固定，从而语言点的排序方式也较为固定。对教材论文规范项目语言点切分方式的调查统计结果显示，23 套相关教材中除 4 套教材仅在附录中提供了论文规范的参考外，其余19 套教材主要采用认知顺序与过程顺序两种语言点排序方式（见图6-6）。

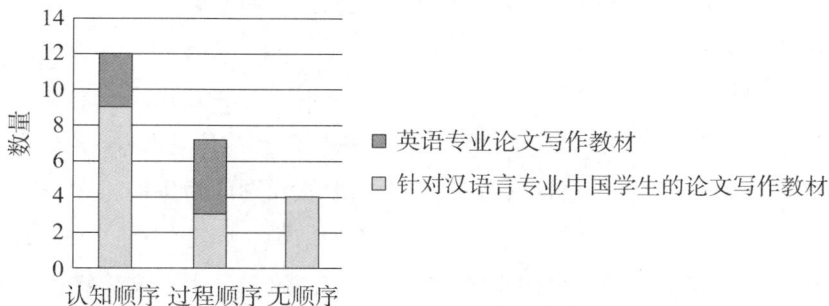

图 6-6　两类教材论文规范项目语言点排序方式

（1）认知顺序。

认知顺序是学生在学习论文规范新的知识内容时，对论文文体从陌生到了解直到能够熟练运用的认知过程顺序。在本次调查的论文规范项目语言点采用一定顺序排序的19套教材中，根据学习者的认知过程对语言点进行排序的教材共12套，约占63%，相比过程顺序的排序方式，认知顺序的使用较为广泛。该类教材一般从学术论文的基本含义入手，随之对论文的类型、特点风格等进行介绍，进而再详细指导论文文本具体格式框架和规范等内容，由浅入深地引导本科学生认识学术论文这一较为陌生的文体形式，符合基本认知规律和思维逻辑顺序，该类教材有张利群的《汉语言文学论文写作》、卢卓群的《汉语研习与论文写作》等。

此外，该类教材同样遵照从整体到细节的认知学习顺序，例如：《英语专业学士论文写作教程》（第二版）中"规则篇"第五章"学士论文的规范格式"，首先介绍了英语学术论文的APA格式、MLA格式、芝加哥格式这三类论文框架结构，随后分小节对注脚和尾注的格式、英文参考文献的规范格式、中文参考文献的规范格式三部分板块进行讲练；同样《英语专业本科毕业论文设计与写作指导》（第二版）第二章"毕业论文的格式"，首先在前两小节中介绍了毕业论文的整体格式和三种国外流行的学术论文格式，随后分小节讲练了引文的格式、注释的格式、参考文献的格式三部分重点板块。

（2）过程顺序。

过程顺序是教材对论文规范项目语言点的编排主要依照论文的写作过程或科学研究的先后过程进行排序。在本次调查的论文规范项目语言点采用一定顺序排序的19套教材中，依据过程顺序对语言点进行排序的教材共7套，约占37%。该类教材普遍结合论文各板块的具体内容进行更为具体化的训练，例如冯幼民的《高级英文写作教程：论文写作》（第二版），根据英文论文写作过程对语言点进行排序，依次是：学术论文的基本风格要求、运用学术文献、直接引用、解释性说明、概括性说明、标注方式、编写参考文献表，借用现有学术成果时介绍了避免抄袭的多种方法。

通过分析现行相关教材中论文规范项目语言点的排序方式，我们发现汉语言专业留学生论文写作教材语言点的编排顺序在一定程度上影响着学生的习得过程，因此教材中论文规范项目语言点建议采用以认知顺序为主的排序方式。由于论文文体不同于其他叙事文体，该文体有严谨的结构、固定的行文模式和严格具体的规范，因此在留学生接触该文体之初，便应该培养学生对文体结构的整体认知，体会该文体与以往习得的其他文体的不同之处，形成对学术论文的感性认识。在对论文的基本框架，如题目、摘要、目录、正文、结语、参考文献、致谢等论文框架和结构熟悉的基础上，重点训练论文的摘要和关键词、论文的参考文献两大论文规范中重点和难点板块。

6.4 科研程序项目的选择与排序

教育部高等教育司和北京市教育委员会 2000 年编写的《高等学校毕业设计（论文）指导手册》明确指出："写作毕业论文是大学生掌握正确地提出问题、深入地分析问题、科学地解决问题的方法，培养科研能力、从事专门技术工作的能力和写作能力，提高思考力和创造力，为毕业后独立地从事科学研究和专门技术工作打下良好基础的一次综合训练。"手册中明确指出了具有一定的科学研究能力是大学毕业生应有的素质。汉语言专业作为人文社科类学科，其研究内容集中于中国语言、文学、文化、社会等方面，调查研究方法和分析方法相对自然工程类更有限，对于运用第二语言进行毕业论文写作的本科阶段留学生来说，基础阶段中研究过程的演练比研究成果的得出更值得关注。

6.4.1 相关教材中科研程序项目语言点的调查

留学生毕业论文写作的过程同时也是科学研究的过程，一般包括选题、搜集阅读文献、提出问题、研究设计（调查实验与非调查实验）、分析整理形成观点、论证观点、撰写初稿、修改、开题答辩、论文答辩等程序，相关教材的语言点编排也大多围绕科研程序，也就是论文写作过程展开（见图 6-7）。

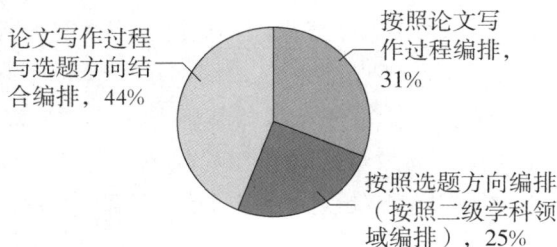

图 6-7 针对汉语言专业中国学生的论文写作教材语言点编排顺序

针对汉语言专业中国学生的论文写作教材部分采用以论文科研过程或其中的选题这一环节为主线，将其他语言点串联其中，其余则利用两条主线相结合的方式展开语言点。

（1）按照论文写作过程编排。

5 套教材按照学生撰写论文的过程来编排教材的内容，总体为"总说—选题—搜集整理资料—研究过程—表达与成文—文章修改—答辩指导"的顺序。从

143

写作前的准备到写作过程，最后到修改与答辩，此类语言点排序方式可辅导教学对象三个阶段的每一步论文写作步骤，适用于指导学生撰写毕业论文的整个过程。

（2）按照选题方向编排（按照二级学科领域编排）。

4套教材按照汉语言专业下设的二级学科领域编排教材内容，各章节的内容为并列关系，通常为"中国古代文学学科—中国现代文学学科—中国当代文学学科—古代汉语学科—现代汉语学科—写作学学科—语文教学论学科—文艺美学学科"的顺序。在每个学科中，通常会针对各个学科的特点从研究方式、学术理论或者该领域写作的注意事项等方面展开。此类教材专业性强，能在各学科领域对学生论文写作进行有针对性的指导，在学生论文写作的选题及资料收集和研究阶段帮助较大，适合学生在论文写作前期整体了解学科以确定研究内容时学习使用。

（3）论文写作过程与选题方向结合编排。

7套教材采用了论文的写作过程与选题方向相结合的方式对教材的内容进行编排，此类教材通常分为上编与下编两部分。上编一般为论文写作的总论，包括汉语言专业所有学科领域论文写作的通用知识技能的概述，如论文的性质、特点、结构、准备工作、撰写步骤、论文答辩等。下编一般为汉语言专业下设的二级学科简介及具体学科的选题指导。此类教材在注重论文写作相关知识点阐释的同时，也注重分选题方向指导，详略结合，大体囊括前两类教材的几乎全部知识点，但教材篇幅有限，显然不能做到又全面又深入，所以此类教材不如前两类教材细致深入。

英语专业论文写作教材虽稍有不同，但是依旧将科研过程作为语言点编排的重点，全部7套教材语言点以论文的写作过程为纲串联其他语言点，其中4套教材又进一步在此基础上设计另一条主线来编排论文写作的其他重难点内容，如论述方法、论文结构和选题方向（见图6-8）。例如：文斌的《英语专业学术论文写作教程》在简略介绍论文总体写作步骤的基础上，将"列提纲"和"段落写作"作为单独的章节进行详细教学；同样在写作的语言表述上，对"下定义""语体的选择""学术词语"等重难点内容进行单独讲解和训练。

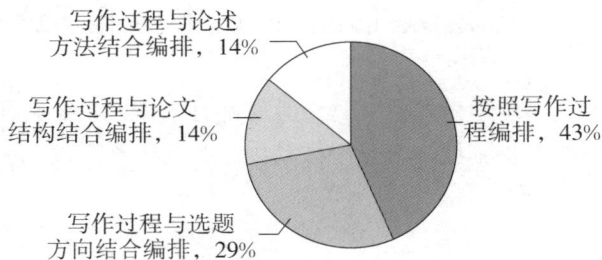

图6-8　英语专业论文写作教材语言点编排顺序

　　由于我们的研究对象为汉语言专业的毕业论文写作，其科学研究的方法和过程有限，根据教材总体内容，舍弃英语研究中不适用于本研究对象的语言点，筛选出其中科研程序相关语言点并进行分析对比，共归纳出"研究方法""调查方法"等 9 类语言点（见表 6-7）。

表 6-7　两类教材中科研程序相关语言点的编号及具体内容

编号	语言点	针对汉语言专业中国学生的论文写作教材中的具体内容	英语专业论文写作教材中的具体内容
M	研究方法	归纳、调查、比较、对比等	综合、归纳、调查、比较、对比等
N	调查方法	调查问卷、抽样统计、个案分析、访谈等	案例法、调查问卷、访谈等
O	论证方法	归纳法、演绎法、对比法、反证法等	引证法、例证法、因果论证、分类论证、分析式论证法等
P	分析方法	统计分析法、系统分析法、历时分析法、比较分析法、语境分析法等	—
Q	学术动态	学科相关重要会议、标志性事件、热点现象、发展态势等	学科相关热点现象、发展态势等
R	学科知识	学术词语解释、学术理论等	—
S	参考资料	参考书目、参考选题等	文献下载和检索网址、权威期刊信息、参考书目、参考选题等
T	学科领域	具体的文学、语言学下设的二级学科等	语言学、文学、跨文化交际、翻译、教学、商务英语等
U	学术规范	道德规范、学理规范、形式规范等	避免抄袭的方法、形式规范（APA格式、MLA 格式、芝加哥格式）等

　　调查发现，两类教材中科学研究内容的选取均围绕调查方法、研究方法、论证方法、学术规范等方面，为学生开展科学研究提供了一定的参考资料。在排除英语研究和汉语研究学术规范上的差异等因素的情况下，英语专业论文写作教材和针对汉语言专业中国学生的论文写作教材涉及的论文科研程序相关语言点也存在差异，主要表现为：英语专业论文写作教材注重为学术提供科研程序的基础性信息和学术知识的介绍，例如文献资料的获取方式、参考书目、参考选题、学术

词语的解释等；针对汉语言专业中国学生的论文写作教材注重为学生的科研程序提供思路启发和引导，例如学术发展态势、学科热点现象等。

相比较而言，英语专业论文写作教材相对更为重视研究方法和论文规范方面的内容，考虑到英语论文与汉语论文相比，引用文献有 APA 格式、MLA 格式、芝加哥格式等多种形式，此方面对留学生论文写作教材内容的参考价值有待探讨。针对汉语言专业中国学生的论文写作教材则更为重视为学生提供参考的书目和选题，以及根据汉语言专业下设的二级学科领域分别展开科学研究的教学，分具体学科指导能够在学生确定选题和研究时提供更为可靠的指引，此方面对留学生论文写作教材设计具有参考价值。

9 项语言点在教材中呈现的比重从高到低为——"学科领域""学术规范""参考资料""研究方法""论证方法""调查方法""学科知识""学术动态""分析方法"。（见图 6-9）前 5 项语言点明显比重较高，从内容上看也主要是基础性知识，主要为学生研究提供方法上的指引，着重于科研的规范性和学科的专业性；而后 4 项语言点则主要是拓展及提高性内容，着重于科研的创新性，仅在少数教材中出现。

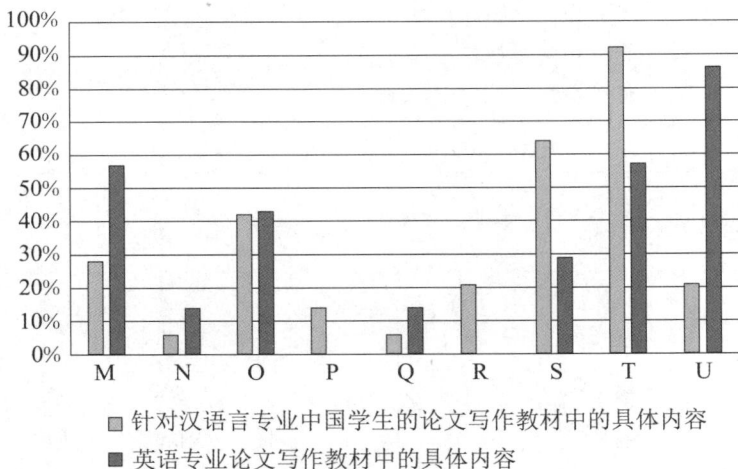

图 6-9　两类教材分别收录 9 项科研程序项目语言点比重

6.4.2　汉语言专业留学生在科研程序方面存在的问题

汉语言专业留学生在科研程序方面存在的问题形式多样，在对留学生论文写作进行调查时，金兰（2002）、亓华（2006）、仇鑫奕（2009）、李冰（2013）、谷祖莎（2014）、蔡明宏（2016）、张希颖和梁慧慧（2018）等诸多学者发现了留学生在科学研究上的不足之处，并对此进行了研究和探讨。例如：张希颖和梁慧慧（2018）在分析河北经贸大学留学生论文时发现留学生的论文分析方法普遍简单，使得论述过程薄弱："留学生论文中常用的分析方法过于简单，以至于其难以充分分析材料，充分进行讨论，他们更倾向于直接下判断，得出一个武断的观点，不能对论点展开充分的论证，得出的观点往往经不起推敲。"根据对目前已有调查的分析，汉语言专业留学生在科研程序方面主要存在 8 类问题，可归为三大原因（见表 6-8）。

表 6-8　汉语言专业留学生在科研程序方面存在的问题及具体表现

原因	具体问题	问题主要表现
研究准备不足	缺乏理论基础	文献资料少；资料收集和检索存在困难
	过度依赖网络	依赖使用网络信息，如百度百科、知乎、新浪博客等，缺乏可靠性；网络文献质量不高
	缺少文献解读	文献阅读能力弱；获取文献资料后无法解读，不能提取观点形成条理
论文选题不当	难定选题	找不出选题创新之处；难以判断选题意义；学习中没有探索发现意识；选题缺少可供参考的指南
	选题扎堆	过于集中于文化类选题；主观回避语言类选题
	选题难深入	选题偏大；研究范围超出个人水平；文化类论文空泛肤浅
	选题缺新意	照抄挪用前人观点；创新意识弱；存在抄袭现象
研究过程不完整	调查范围偏窄	调查对象少；调查数据少；调查简化，对象多集中于身边同学
	研究方法陈旧单一	研究方法集中于简单的比较和对比论证；找不到合适的研究方法；忽视定量研究和实证研究方法
	数据处理方法不当	不会使用表格和图表，使得语言繁复啰唆；图表使用不规范
	论证分析不深入	数据分析流于表面；缺少对材料的分析，武断地得出观点和结论；
	论证缺少逻辑性	颠倒因果；生拼硬凑；在没有逻辑关系的上下句中生硬地加上某些转折词或连词；段落之间的逻辑关系不合理；强加逻辑

（1）研究准备不足。

科研程序中的研究准备阶段落实到论文写作过程上来，就是论文的选题和撰写参考文献的过程，而此两项论文写作过程均为学生认为最难的部分，究其原因便是学生研究准备不足。足够的文献资料输入是论文写作输出的前提，而学生往往对文献资料的获取来源不了解，如不知道知网等学术平台，不会使用语料库进行搜索等，取而代之的是使用百度文库、百度知道等不具权威性的网络途径，造成了论文写作在准备阶段就出现理论根基不牢的情况。此外，由于文献的语言通常抽象难懂，许多学生即使获取了一定的文献资料也难以读懂，更难以从中提炼观点和可供参考的材料，因此在教材内容的安排上要考虑到学术论文书面语词汇的输入是学生阅读文献的基础。

（2）论文选题不当。

毕业论文选题一直以来被留学生视为论文写作的难关。这与留学生对中国语言文学和文化了解虽广却不深有直接关系，蔡明宏（2016）也提到："汉语言专业留学生的论文选题具有特殊性，它虽以语言学习为起点，但并不集中于单一的专业范畴，而是涉及与汉语相关的各种领域，包含汉语言本体、文化对比、中外翻译、历史民俗等，具有广泛性和某种程度上的跨学科性。"留学生在广泛了解的同时由于缺少深入思考的机会，难以找到适合自己能力和精力并有创新点的选题，犹如大海捞针，其难度可想而知。因此教材提供选题指导是解决留学生论文写作困难的首要前提。

（3）研究过程不完整。

研究过程中存在的问题主要集中于调查方法、分析方法和论证方法上。汉语言专业学科的调查往往是社会性调查，若要获取研究数据一般情况下需要运用汉语与调查对象进行交流沟通，这对于身处异国的留学生来说存在困难；经研究者调查，大部分留学生论文都仅使用比较分析的方法，且仅是对比较项目的叙述，对比较项目之间的关系、异同点等没有更深层次的论述，因此需要适当向留学生介绍汉语言专业相关的研究方法并进行相应的训练。

6.4.3 汉语言专业留学生论文写作教材科研程序项目语言点的选取

在探究 ESP 教材的编写原则时，龙炳文（2017）曾提出"教材内容要突出专业性"，"实用为主，够用为度"，因此汉语言专业留学生无须大而全地深入学习各种各样的调查方法和研究方法。科研程序项目语言点的选取主要是为学生的研究过程提供帮助性指导，而不强调科学研究的强制性要求。下面分研究准备与研究过程两部分进行说明。

6.4.3.1 研究准备

科研的准备工作一般包括确定研究方向、搜集阅读以及整理相关文献资料两项程序，其在论文写作中起到了铺垫的作用，几乎决定了留学生论文写作内容、结构和接下来科学研究的整体方向。留学生论文写作科研程序方面存在的问题也主要存在于选题与文献搜集整理上，例如：文献资料的获取过度依赖网络、文章缺乏理论基础、难定选题等。对相关教材内容的考察结果显示，研究准备语言点内容在各教材中相似度极高，且程序较为固定，汉语言专业留学生毕业论文写作教材中研究准备相关的语言点应包括的内容有：

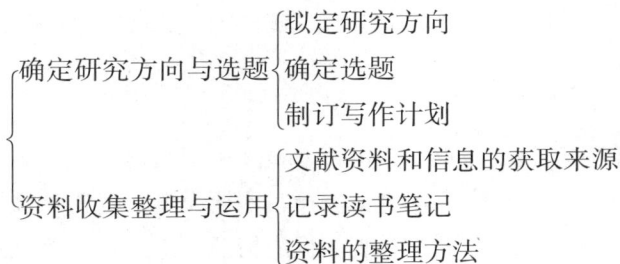

$$
\begin{cases}
\text{确定研究方向与选题} \begin{cases} \text{拟定研究方向} \\ \text{确定选题} \\ \text{制订写作计划} \end{cases} \\
\text{资料收集整理与运用} \begin{cases} \text{文献资料和信息的获取来源} \\ \text{记录读书笔记} \\ \text{资料的整理方法} \end{cases}
\end{cases}
$$

资料的收集整理过程几乎是与确定研究方向的过程交叉进行的，在确定了大致研究方向之后才有资料获取的相应范围，在文献资料获取和研读的基础上才能进一步了解该领域的趋势、动态，发现创新点，最终确定选题。教材在介绍此方面语言点时，可为留学生提供更多研究准备方面的辅导，例如：文献下载和检索网址、权威期刊信息、参考书目、学术词语解释、学术理论、热点现象、发展态势、各学科的参考研究方向等。

6.4.3.2 研究过程

留学生论文写作教材的性质是一部写作教材，主要以语言教学和学生语言运用为重点。但由于学生不能顺利开展科研程序，无法为论文写作提供科学依据，即使学生具有优秀的写作技能，也对论文写作无从下手。"由于社会文化类的选题比例较大，有的学生为得到第一手材料要做社会调查，但由于不了解调查问卷的设计、抽样的方法，做出的问卷存在一些问题，缺乏信度，不能作为下结论的科学论据。"（亓华，2006）因此适当教给学生一些调查研究的方法十分必要，但也应该掌握好语言点多与少的"度"。学术论文写作过程中的撰写初稿、修改等程序主要运用写作技能和论文规范相关语言点，在此不再将其列入科研程序项目语言点中。除此以外，留学生论文写作教材科研过程相关语言点主要有以下内容：

```
         ┌ 提出问题、撰写提纲
         │                    ┌ 问卷调查法
         │                    │ 案例分析法
         │          ┌ 调查方法 ┤
         │          │         │ 访谈法
         │          │         └ 其他研究方法拓展参考
{ 开展调查研究 ┤          ┌ 分析方法：统计、对比、归纳、比较、语境分析等
         │          └ 研究方法 ┤
         │                    └ 论证方法：归纳法、演绎法、引证法、分类论证法等
         └ 撰写开题报告、答辩
```

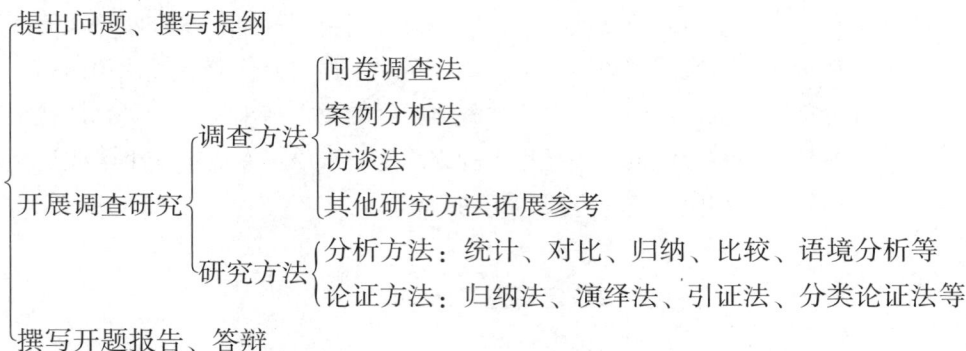

论文写作教材中科研程序项目语言点的整体目标显然是用汉语开展正确科学研究，发展汉语能力，并采用适合研究方向的方法撰写不同类型的优秀论文。为解决留学生研究过程中研究方法单一、缺少客观数据的情况，应选取几个既适合留学生论文写作水平又适合汉语言学科的研究方法进行重点教学。根据考量，"问卷调查法""案例分析法""访谈法"这三个研究方法最为合适，在此基础上教材还可拓展知识简略介绍其他方法。在论证和分析时，除了文字性质的语言表达，还应有表格、柱形图、饼状图、折线图等非文字分析数据的工具，教材对此应有所涉及。

6.4.4 汉语言专业留学生论文写作教材科研程序项目语言点的切分与排序

6.4.4.1 切分设计

对教材科研程序项目语言点切分方式的调查统计结果显示，除了于路、刘妍的《大学生撰写毕业论文参考书：汉语言文学与文化传播卷》等3套教材仅对各学科方向提出可供参考的选题，并未对科研程序相关语言点进行选取及切分外，其余20套相关教材主要采用了化整为零、多项整合、整散结合的方式对论文科研程序项目语言点进行切分（见图6-10）。

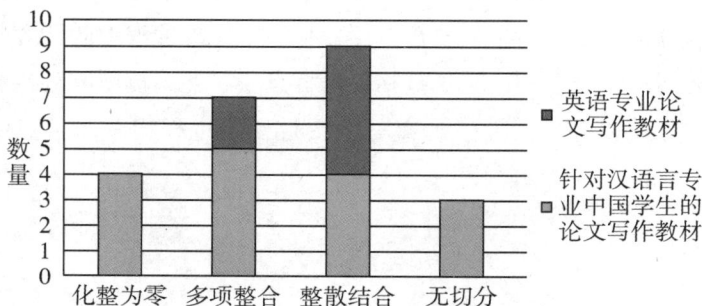

图6-10 两类教材科研程序项目语言点切分方式

（1）化整为零。

调查统计结果显示，共有 4 套针对汉语言专业中国学生的论文写作教材采用化整为零的方式切分科研程序项目语言点，约占 23 套教材的 17%。该类教材主要将论文选题、研究方法等科学研究程序的指导内容依据不同学科的特点进行切分，编排于具体的汉语言专业下各语言学、文学等方向中进行针对性指导。例如周均平的《高等教育汉语言文学专业毕业论文的撰写与答辩》将对选题等语言点的指导切分于文艺学美学、中国古代文学、中国现代文学、中国当代文学、比较文学与世界文学、古代汉语、现代汉语、写作学、语文教学论等九类学科中。该切分方式对学生确定选题后的继续研究有较大指导意义，但显然对于学生从研究准备到研究过程直至答辩缺少系统性的训练。

（2）多项整合。

多项整合即教材在切分科研程序项目语言点时将多项语言点整合为科学研究过程这一整体，对论文的选题、资料搜集整理、组织材料、调查研究、确定主题、拟定大纲、撰写初稿、修改编辑、补充完善、正式提交等系列论文写作的流程进行系统性的指导训练。在本次调查的 23 套教材中，采用该切分方式的教材共 7 套，约占 30%，且在中文论文写作教材中运用较为广泛。该类教材结构框架清晰，为学生的科学研究提供了清晰的思路，如吴怀东的《中文专业论文写作教程》、李正栓与焦绘宏的《英语写作：毕业论文写作》（第三版）等。

（3）整散结合。

整散结合类切分方式即除了在整体上对科研程序的流程进行系统性训练之外，还对相应学科中的选题、研究方法等科研难点进行针对性指导。该类切分方式在科研程序项目的切分中较为常用，共 9 套教材采用该切分方式，约占全部教材的 39%。以陆道夫的《英语专业学士论文写作教程》（第二版）为例，教材在对选题过程、材料甄选、研读笔记、提纲、开题报告、文献综述、撰写过程等程序进行指导的基础上，对选题、研究方法、研究热点等具体语言点进行切分，对文学、语言学、翻译、社会与文化、英语教学等专题进行针对性指导和训练。该语言点切分方法将基础指导和具体研究方向相结合，进行深化训练，综合了化整为零与分项整合切分方式的优势。

基于对现有相关教材的分析，我们发现整散结合的科研程序项目语言点切分方式对教材中写作技能项目语言点的切分编排参考价值较大，由此结合目前汉语言专业留学生论文写作中存在的问题与相关教材的语言点切分方式，提出以下教材科研程序项目语言点切分建议：

第一，在基础科学研究方法指导基础上划分难易程度。留学生入学时的汉语基础参差不齐，高校汉语教学水平存在差异，导致我国汉语言专业留学生毕业论文的科学研究要求差异较大。教材应在基础科研程序指导的基础之上，对具体研究方向中的研究方法、研究内容的难易程度作具体划分，帮助学生预判选题的难易程度，寻找合适的科研方法，而不是一刀切将学生毕业论文写作模板化，应在基础知识牢固的基础上发挥学生的创新力，为不同水平的学生提供可供参考的不同的科学研究方案。

第二，论文选题与资料的搜集整理应分别作为独立板块展开训练。通过对汉语言专业留学生论文写作需求的调查分析，可以发现论文选题与资料的搜集整理为留学生科学研究与论文写作中普遍存在的难点，留学生对论文写作的畏难情绪也主要集中于无法找到合适的论文题目以及无法获取和阅读文献资料两项前期科学研究准备过程。相关教材也同时注意到此两项语言点的重要性，分学科对论文的选题和资料的搜集整理进行指导，例如：英语专业论文写作教材主要分语言学类、文学类、教学法类、翻译类、语言与文化类分别展开训练；针对汉语言专业中国学生的论文写作教材主要分古代文学、现代文学、当代文学、外国文学、文艺理论、语文教学、语言学等学科门类对选题进行指导。因此，留学生论文写作教材应结合留学生选题特点、写作水平、文献阅读能力等，分学科对留学生的选题和资料搜集整理语言点进行切分设计。

第三，科研程序项目语言点应适当与写作技能项目语言点相结合。论文的写作过程同时也是科学研究的过程，确定选题与搜集整理资料以及拟定提纲都是科学研究准备过程中的关键环节，撰写开题报告的过程也是对研究对象和研究内容不断调整和改进的过程，而内容的表达则是将写作技能实际运用到科学研究的过程。因此，在教材内容的切分设计中，论文的写作过程需要与写作技能训练和科学研究过程相结合，若单独存在则变成了纸上谈兵。

6.4.4.2 排序设计

相关教材的调查分析结果显示，各教材对科研程序项目语言点的排序基本具有共识性，尽管各教材具体章节内容不尽相同，内容表述方式不完全一致，但是基本全部依照科研程序的实施时间先后顺序进行排序。本次调查分析的23套教材中，除3套教材未对科研程序项目语言点进行切分与排序设计外，其余20套教材均对科研程序项目语言点进行了切分。以王秀红、芮艳芳编写的《英语毕业论文实用指导》为例，教材科研程序项目语言点切分为语言学、文学、文化、翻译、教学、商务等学科方向对选题和研究方法分别进行训练，其后对开题报告、提纲撰写等内容进行系统训练，最后一章为答辩的指导内容。

科研程序项目语言点的排序普遍依照科学研究的进程依次展开，该语言点排序方式遵循了"顺序性"的教材内容组织原则，从教材内容的纵向组织来看，组织顺序符合学生的思维发展特点，教材各板块内容的先后展开是引领学习者研究和写作逐渐深入的过程。目前已出版的学术汉语写作教材《留学生毕业论文写作教程》对科研程序相关语言点的排序依次为：毕业论文的选题、文献资料的收集与利用、读书报告、论文的论证方法、数据与分析方法、毕业论文答辩等，同样依照过程序编排各项语言点，引领和指导学习者完成完整的科学研究过程。由此可见，科研程序项目语言点按照过程序进行排序具有理论基础与实践经验，作为语言点排序设计的参考依据，对汉语言专业留学生论文写作教材中科研程序项目语言点的编写具有极大参考价值。

第 7 章　学术汉语写作教材编写原则及实践

7.1　学术汉语写作教材的编写原则

学术汉语写作是新时期对外汉语教学新形势下的新需求，根据学生的需求、写作实践中的偏误、学术英语写作教材的借鉴和启示，我们提出了编写学术汉语写作教材应遵循的原则。

7.1.1　学术汉语写作教材的编写理念

教材编写理念是作者对整本教材的主要构想，也是作者对教学活动内在规律的认识的集中体现，还是作者本人对教学活动的看法和持有的基本态度与观念最直接的体现。不同的教材编写理念会产生不一样的教材结构的整体设计，从而使得整本教材的编写思路、例文选材、综合训练、任务也会大不相同。

在开发和建设学术汉语写作教材时，首先必须解决一些基本的问题：教材如何定位？编写的指导思想是什么？鉴于留学生论文写作中出现的主要问题、学术汉语写作教学课程的性质及学术英语写作教材的经验教训，我们认为，学术汉语写作教材应该定位为语言技能训练教材，在编写过程中必须以写作训练为主，知识介绍为辅。

根据前文的研究，留学生在论文写作中表现出的问题主要有：学术写作基础薄弱、缺乏论文相关知识储备、缺乏学术研究思维等。杨凝卓（2016）也曾归纳了四个主要问题。第一是在语言表达上缺乏语体意识，缺乏逻辑性。第二是在文献综述上缺乏概括评价。第三是行文详略不当，结构残缺。第四是格式符号方面问题严重。这说明学术汉语写作教材需要注意论文写作规范及语言表达的训练。

学术汉语写作教材是为学术汉语写作课程服务的。在当下，学术汉语写作主要体现为论文写作。陈淑梅（2012）提出，留学生论文写作课程应该在"本科四年级，在把学生分配给老师单独指导、开始写作毕业论文之前"开设，"对如何写毕业论文予以指导和训练"。沈传海（2016）指出，英语专业研究生论文写作课程的目的是"使广大研究生在动手写作前能够有充分的思想认识以及一定的论文写作知识储备"。由此可见，学术写作课程的主要目的是服务于论文写作。这显然是与普通的写作有区别的。但这并不说明论文写作课程就脱离了汉语作为第二语言教学的层面。汉语教学作为第二语言教学，是以培养学生运用汉语进行交际为目的的，在教学中汉语的工具性是第一位的。高级阶段的汉语教学也处于基础阶段，仍然以语言技能训练为主。具体到学术汉语写作课程上，我们认为，仍然是语言技能训练课程。因此，学术汉语写作教材必须为语言写作的专项技能训练服务。我们认为，无论是本科阶段还是研究生阶段，留学生在学习学术汉语写作课程时期，都处于第二语言学习阶段，相关的教材应该以外语写作能力的提高为宗旨。

第一，无论是创新思维能力还是学术研究能力或者专业研究能力，都不是一门写作课程所能达到的目标。一门写作课程，大多一个学期，最多持续一学年，希望在这么短的一门课程中真正形成、提高创新思维或学术研究能力，都是过高地估计了写作课的效果。前文有关教材的评价中认为现有教材难度过高、内容多难以完成、缺乏实效性的问题其实大多根源于对教学目的的过高追求。一味追求内容的深度和广度，必然使教材倾向于知识灌输与材料堆积，其代价就是教材的易读性、趣味性、实用性受损。

第二，在课程的内容上，即使是论文写作甚至是学位论文写作，其落脚点仍然是"写作"，课程的中心应该仍然是写作技能的训练。无论是英语专业的学生还是学习汉语的留学生，在论文写作上的主要问题都是语言表达以及篇章内容的呈现问题，其原因无外乎科研能力和写作水平不足。对于科研能力，上文已经说明，不能期待一门课程一个学期就能培养好；对于后者，我们认为正是本课程的目标所在。

第三，在写作技巧和写作技能上，我们认为，应该以写作技能为主。写作技巧的训练需要建立在掌握了基本的写作技能的基础上，对于对外汉语教学过程中的留学生而言，他们需要加强的应该是基本的写作技能，而非写作技巧。通过前文介绍的留学生论文写作中出现的问题可以看出，对论文语体无认识、口语化严重、篇章衔接不连贯问题是最突出的，甚至标点的不规范使用还占有很大比例。其实，就目前的对外汉语高级写作而言，书面语的训练还远远不够。在我们的教学实践中，一个很突出的现象是，即使是一些在小学阶段就来华留学的韩国学生、口语表达、听课学习等完全没有问题，但在本科或研究生论文写作中口语化现象仍然非常严重。因此，我们认为学术汉语写作教学应该将重点放在基本的、比较系统而全面的书面语和学术论文篇章训练上。

第四，学术论文规范也必须是学术汉语写作教材的一个主要内容。这是课程设置的初衷，不可忽视。但是如何处理学术规范教学与写作教学呢？我们认为必须分清主次：写作训练为主，学术规范为次。或者说，有关学术论文的知识可以在写作训练的过程中穿插介绍。写作技能的训练课程绝不能上成知识传授课程，这是多年第二语言教学实践的宝贵经验。在对现有学术英语写作教材的批评中，就有对知识太多而练习太少甚至没有的批评反馈，也说明这种教材毫无趣味性、易读性、实用性。学术汉语写作教材的编写必须避免这一点。

既然学术汉语写作教材应该定位为以写作技能训练为目的的教材，那么在教材内容上，就应该体现出写作技能训练为主、学术论文相关知识传授为辅的编写原则。

概观学术英语写作教材的内容，大家形成共识的是教材中应该包括论文写作技巧、学术规范、学术研究的过程等内容。如何处理这些板块之间的关系，不同的教材有不同的处理方式。有的教材采用并列的形式，或者几个板块依次展开，例如文斌编写的《英语专业学术论文写作教程》；或者几条线索齐头并进，如冯幼民主编的《高级英文写作教程：论文写作》（第二版）。但大多数教材都按照论文写作过程即科研过程展开，例如陈倩的《英语论文写作》。大多数教材的一个通病是"普遍大量堆砌理论、技巧、范文、素材，或者只注重理论知识，缺少对学生的练习实践"。其实面向本土学生的论文写作教材也基本是这种面貌：以理论介绍为主，是百科全书式的写作指导手册。这种教材编写方式最大的问题是不实用。这具体表现在：第一是内容太多，不具有时效性，这也是前文所介绍的几篇教材调研文章所看到的问题。一方面，授课内容太多，课堂上很难完成，另一方面，给教师留下的空间太少，教材内容过全、过多、过细，教师的作用无法体现。第二是缺少实用的训练项目。有的教材甚至没有练习，教材内容全部为知识讲解，例如《英语专业毕业论文写作》（第二版）、《英语毕业论文实用指导》。在我们调查的14本学术英语写作教材中，只有7本配备了练习题。有的教材练习题题型单一，且不适合写作实践。例如《英语论文写作》设计的练习题大多是对阅读材料进行理解，要求在材料中找出运用的技巧和技巧性词汇，这种练习训练的是对写作技巧的辨识，但是仅有辨识并不会转化成学生自己的能力。另外有些以写作过程为编写线索的教材，设计的练习均围绕学术研究过程展开，比如讨论选题的重要性之类，这种练习对于学生的写作能力可以说没有帮助。

学术英语写作教材中出现的问题在《留学生毕业论文写作教程》中也同样存在。该教材共有 16 课，整体上是按照撰写毕业论文的时间顺序和论文内部的编排顺序编写的。前 2 课介绍毕业论文的性质特点和基本结构，3~5 课讲授学术研究过程的选题、收集资料、撰写提纲。8~11 课是引言、结尾和摘要，6、12、13 课讲解衔接与连贯、论证方法、数据与分析，7、14~16 课介绍读书报告、毕业论文的格式、开题报告、答辩。其中有关体裁、写作环节的部分显然只是知识介绍，不能称为技能训练。

李泉、吕纬青（2012）指出，专门用途汉语教学总的指导原则是"以汉语教学为主，专业知识为辅"。专门用途汉语教材的编写，应该既体现与通用汉语教材的共性，又彰显专业汉语教材的个性。我们认为，在学术汉语写作教材的编写上，汉语写作能力的训练应该是主要的，而学术论文的相关理论和知识的介绍应该是次要的。也就是说，对于留学生论文写作指导课程而言，应该以具体的写作板块的训练为主，而不是像讲座一样向学生灌输学术论文写作理论和写作技巧知识。在学生教材上，应该以语言点的训练为中心，各种论文写作理论和知识以隐含粗线条介绍的形式出现。

7.1.2　学术汉语写作教材建设的立体化、系列化

7.1.2.1　开发立体化教材

立体化教材是依据教学目标，采用传统的和现代的教育方法与手段，将教学内容、教学方法、教学评价、教学服务等教学过程通过一体化的设计，借助多种媒介，如纸介质、音像制品、电子和网络出版物等为课程教学提供完整的教材系统，为教师教学和学生学习提供全方位服务。也就是说，立体化教材，既有该课程的主教材，又有从不同角度、不同层次编写的辅助教材；既有纸质教材，又有音像制品，是电子与网络出版物有机结合的多媒体教材。

在我们调查的学术英语写作教材中，大部分教材在立体化上明显有不足，只有三本教材或多或少地结合了立体化资源：王秀红、芮艳芳的《英语毕业论文实用指导》在附录里给出了国内外英语学科部分权威期刊信息和国内外文献资源下载与检索网址；穆诗雄的《英语专业毕业论文写作》（第二版）在附录里辑录了一些常用的国内外外语与外语教学类学术期刊和国内外在线图书馆网址，但这两本教材都只是为学生查找资料提供便利。陈倩的《英语论文写作》配有教学课件及练习答案供教师参考，已经具备了立体化教材的雏形，但显然还远远不够。

在对外汉语教材的编写方面，对教材立体化的追求也是近年来非常受关注的话题，但多限于宏观研究，在教材出版实践上还缺乏落实。例如李泉（2004）归纳的第二语言教材编写应该遵循的十个通用原则中就有立体原则。该原则明确要求教材编写向立体化方向和充分利用现代科技手段、教育手段的方向发展，要求教材的设计和编写除了教科书的设计和编写之外，还应覆盖练习册、教师用书、课外读物、挂图、录音带、录像带、光盘等的编写。臧文强（2017）具体探讨了对外汉语教材编写的"立体化原则"的理论内涵，即本体概念的立体化、编写理念的立体化、涉用媒介的立体化、应用空间的立体化、互动模式的立体化和组编过程的立体化。

对于学术汉语写作教材而言，我们认为目前最迫切的是编写学生用书和配套的教师用书。例如，按照我们的编写理念和指导思想，教材应该以写作训练为主，论文规范问题，选题、文献搜索等研究过程，以及摘要写作、引言写作、综述写作等学术论文板块写作技巧等内容，作为并行的线索穿插于其中。因此，学生用书主要以样本材料和练习为主，淡化论文规范与学术研究基本过程的知识传授，但是在教师用书中，必须将有关的知识细化，并提供一些具体操作的要求和建议，以指导教学。

在满足了目前最急需的学生用书或教师用书要求之后，再逐步发展其他的项目。教材的立体化是大势所趋，是以学生为中心的具体体现，当下的教材开发和建设不能忽略。

7.1.2.2 开发系列化教材

学术英语写作教材的问题之一是不够丰富、缺乏层次性。学术汉语写作教材在开发建设之始也需要注意这个问题。我们认为解决的方法是开发系列教材，主要表现为开发多层次教材、开发多专业教材。

开发多层次教材，例如针对不同学历层次、知识层次的读者有针对性地开发教材。不同的读者群需求自然也不同。对于学术写作教材而言，首先是汉语水平高低不同。与汉语言专业的本科生相比，无论是汉语能力还是写作、科研能力，研究生大多都会更高一些；而汉语国际教育是比较特殊的学科，不仅要求理论知识，还要求实践能力，而这个专业的留学生基本上都是从孔子学院选拔而来的，其汉语水平大多处于 HSK 中级，普遍低于在华本科留学生。所以论文写作问题更多，除了论文相关的问题，语言问题还是一个非常大的障碍。因此，学生层次分析越细，教材开发越有针对性。

论文写作的最大特点是专业性。针对不同专业开发不同的学术汉语写作教材不仅需要，而且从长远来说还是必须。不同的专业有不同的词汇、不同的写作风格，甚至不同的研究方法。从对学术英语写作教材的批评中也可以看出，很大一部分批评是由于教材缺乏专业性，很大一部分经验也是由于教材的专业性和科学性。学术英语写作教材目前已经出现了不少针对不同专业的教材，如李晓文、刘晓辉的《英语学术写作——传播科学的媒介》、刘彦哲的《医学英语论文摘要阅读与写作》，以及针对学科大类的教材如梁福军的《英文科技论文规范写作与编辑》、任胜利的《英语科技论文撰写与投稿》（第二版）等。

跟立体化的进程一样，系列化教材是一个远期的理想目标，在达到这个目标之前，解决当前问题最迫切、最实用的方法是编写通用学术汉语写作教材，也就是不同学历、不同专业都可以使用的学术汉语写作教材。我们需要先有教材可用，然后才能一步步细化，不能期望一步到位。

7.1.3 当前需要完成的准备工作

为了开发和建设学术汉语写作教材，当前最迫切的工作是解决"清单"问题：教什么？练什么？

我们认为，学术汉语写作教材训练的内容应该包括这四个方面：汉语书面语训练、学术论文篇章训练、学术论文规范训练、学术研究过程训练。

7.1.3.1 汉语书面语训练清单

在对外汉语教学中，汉语书面语和口语的区别及其重要性可以说是众所周知。但是在写作训练中，到底应该训练哪些内容，书面语到底有哪些知识点，目前教育界还没有一个清晰的认识。

我们认为，书面语的训练可以从词汇和句式两个角度梳理。

书面语词汇很有特色，表现在两个方面：一是具有特殊的文言词，如："之、乎、者、也"等，冯胜利（2003）列出了很多现代汉语中常用的文言词，是编写文言词清单的重要参考文献。二是利用特殊的词汇手段，例如单音节词和双音节词。冯胜利（2003）提出的"嵌偶单音词"和词汇的双音节化都是书面语词汇的特殊词汇手段。

在句式方面，有些格式是书面语特有的，例如"……的 VP""随着……，……""……之+形容词"等。

在已经被发现的书面语特有词汇和格式中，哪些适合在学术汉语写作教材中进行训练还需要进行使用频率等调查。

7.1.3.2　学术论文篇章训练清单

有关学术英语篇章特点的研究比较多，比如语体问题、立场、篇章衔接手段等，但对外汉语教学领域缺乏相关问题的研究。我们认为在学术论文篇章训练上，根据留学生论文中出现的问题，主要应该包括论述技能训练和学术论文板块写作训练。

论述技能训练主要是为了解决留学生常见的论述不充分和逻辑不清的问题。我们认为这个问题可以通过两个方面加以解决：一是训练围绕中心展开，一是段旨句—展开—结束的段落写作训练。

学术论文板块写作主要包括摘要写作、引言写作、综述写作、结语写作、参考文献列举等。这些板块也是留学生毕业论文中问题最集中的地方。陈淑梅（2012）提出，可以通过给出特定句子格式的方式来进行有关部分的训练。例如引言部分可以提醒学生使用"本文拟对……加以比较/分析/探讨"，结语部分可以训练学生使用"本文研究表明……""通过以上分析，本文……，以期……"等方式进行总结。这样的句子格式有多少非常值得也急需研究。

7.1.3.3　学术论文规范训练和学术研究过程训练清单

与普通文章写作相比，学术论文的特点是必须遵守学术规范。而学术论文的写作是学术研究过程的自然结果，所以学术论文规范和学术研究过程都是有必要包括在论文指导课程（包括教材）中的。但是，在教材中如何体现是一个非常值得探讨的话题。

学术论文规范训练是论文写作教材的必要环节。学术论文规范问题大致包括引用、标点、格式、语体、立场表达等内容。学术研究过程训练包括选题、搜集和阅读文献、搜集整理数据、形成观点、写作论文，或者再包括开题和答辩环节。这个过程也是学术论文写作教材中应该训练的内容，在一些教材中也占据了非常突出的位置。例如《留学生毕业论文写作教程》第三单元到第六单元分别是论文的选题、文献资料收集、撰写提纲，学术英语写作教材中也有相当一部分教材是以学术研究过程为纲编写的。例如陈倩的《英语论文写作》的第一部分共有八个单元，分别讲授什么是学术论文和论文写作过程，包括选题、收集材料、罗列证据和观点、做笔记、设置调查问卷和撰写研究计划书等八个知识点。可见，在学术英语论文写作教材中，在怎么切分上还存在分歧。

无论具体怎么切分，我们认为有关研究过程的训练不适合以知识的形式出现，而是应该以操作的形式出现，例如通过课后作业来使学生具体感受如何去选题、查找文献、搜集材料、分析归纳。

7.1.4　小结

新时期对外汉语教学面临的新形势急需学界重视学术汉语写作课程建设、教学研究与教材的开发建设。目前学术英语写作教学开展得如火如荼，为编写汉语同类教材提供了非常宝贵的经验和技术。长久以来汉语高级写作课的教学实践、教材编写成果以及教学研究为学术汉语写作教材的开发建设奠定了坚实的基础，对于留学生毕业论文的调查统计也为学术汉语写作教材的编写提供了清晰的方向。学术汉语写作教材的编写和开发建设工作可以说已经具备了非常充分的条件。

为了编写出实用、科学的学术汉语写作教材，我们认为必须坚持其性质为写作技能训练教材，坚持以写作技能训练为核心的原则，以写作技能训练为主、论文规范知识为辅，进行教材编写。教材开发的理想目标是立体化、系列化。目前急需完成的工作是列出一个具体教学内容的清单。

7.2　《高级汉语写作：论文写作》编写实践

在以上关于学术汉语写作教材认识的基础上，我们于 2019 年编写了《高级汉语写作：论文写作》，由暨南大学出版社出版。经过教学使用，对该教材的一些成功和不足之处也有了一定的了解，在此整理出来供学术汉语写作教材编写者参考借鉴。

7.2.1　《高级汉语写作：论文写作》的编写说明

本教材与《高级汉语写作：应用文写作》是为高级阶段留学生提高汉语写作水平的专门性写作教材，可供本科高年级、研究生论文写作课使用，也可以作为汉语论文写作入门参考书使用。

我们赞同论文写作教材仍然属于语言技能训练教材，以写作技能的提高为主要目的。因此，在教材中尽管使用了多种专业领域的阅读材料，但是并不以专业术语的学习为目标，而是旨在让读者学习其中的写作方法、汉语特有的表达方式，即使是对某一专业领域材料的处理，侧重点也不在专业知识上，而在于如何运用学术研究的思维方式、使用论文的写作框架进行分析和写作。

全书共 14 课，分别从书面语的词语句式训练、论文各部分的篇章训练、学术论文规范训练和科学研究的过程训练四个方面穿插进行练习。对于学术汉语论文写作而言，需要留学生具备基本的科学研究素养，掌握基本的科研方法，具有相当的规范的学术论文写作知识，熟练掌握文献查阅与整理能力，还要具备一定的书面语转换能力、概括说明能力，以及严谨论证能力。因此，本教材选取书面语、论文篇章、论文规范、科研过程四个维度进行训练，重点练习学术论文中常用的书面语词语和句式、论文各部分常用写作模块及观点展开、语体、引用及文献标注，重点训练使用比较法和调查法进行科学研究及论文写作。

本教材运用过程写作教学法循序渐进地指导学生分别用比较法和调查法完成两篇格式标准、至少 3 000 字的汉语论文，在具体实践中感受学术论文从选题，到查阅文献，搜集材料，整理并形成观点，写作、修改成文的全过程，在实践过程中将研究程序、研究规范、论文写作套路、写作规范从知识转化为能力，并从中提高、强化学术研究的逻辑思维能力。因此，"课后实践"是关于科学研究过程的训练，是论文写作训练的一个重要组成部分，建议教材使用者重视。

本教材服务于教学时长为一个学期的论文写作课教学。在使用过程中，教师可以根据情况灵活选择使用练习题，尤其建议重视课后实践作业的落实，在课堂上多安排互动环节或者专门的成果交流课堂。

本教材的编写是基于本人多年的留学生写作课教学实践。在教学过程中，留学生同学积极配合练习，并且提出了很中肯的建议，正所谓"教学相长"，本教材很多材料出自他们的习作。

7.2.2 《高级汉语写作：论文写作》的体例与内容

《高级汉语写作：论文写作》在体例上除主体部分进行语言点讲解与训练之外，还包括"本课重点""阅读讨论""课后实践"和"附录"。"本课重点"部分是对该课主要语言点进行提示，"阅读讨论"部分通过阅读后回答问题的方式引入本课学习内容，"课后实践"部分是对科研过程具体环节的践行，目标是在教师的指导下完成一篇不低于 3 000 字的论文，并且完成实践科研过程中的学术交流、论文开题与答辩的交流活动，"附录"部分提供练习答案，以帮助自学。

教材的主体部分以讲练结合的形式呈现，每一个语言点后设计数道相应的练习题，练习题型包括填空、改写、判断并改错、排序、回答问题、补充段落、片段写作等形式。每一个语言点以例句、例段、例篇等形式提供范文。

在章节安排上，以一个学期的教学时长为目标，提供了 14 课内容。每课内容在 1 次课（2 课时或 3 课时）内完成，其中第八课和第十四课是复习课，对以往学习的内容进行复习巩固。

语言点分布情况如表 7-1 所示。

表 7-1　《高级汉语写作：论文写作》内容框架

	书面语	论文篇章	论文规范	科研过程
第一课 认识学术 论文		选题与论文题目撰写	学术论文的特点	科研中的比较法，选择比较课题
第二课 引言写作 1	本、其、该	引言中的释题	参考文献	文献检索与整理
第三课 引言写作 2	则尚界领域	引言中的研究现状综述	文献的指称与引用	写研究现状
第四课 引言写作 3	拟、以、以期、……的 VP	引言中的研究设计	文献标注	列提纲
第五课 引言与开题 报告		引言的组成及作用、开题报告的写法		写引言、写开题报告
第六课 比较论述	为、即、于	论述中的作比较		写初稿
第七课 结语写作	双音节词	结束部分的内容与写作方法		准备交流
第八课 参考文献与 引用		参考文献的格式	文献引用与注释	修改论文
第九课 调查法与 调查设计	中心语+数量结构、状单+中单	调查设计及实施情况说明		科学研究中的调查法，选择调查课题
第十课 统计分析	数据表达法	图表的选择和使用	图表的使用	调查设计
第十一课 摘要写作 1	嵌偶单音词	调查实验类论文摘要写作围绕中心论述	摘要的规范及误区	实施调查
第十二课 摘要写作 2	论文中的模糊表达	非调查实验类论文摘要写作关键词的提取		整理数据
第十三课 学术论文的 语体		分类论述与论文内部的逻辑性	学术论文风格特点与体现	写出初稿
第十四课 习作修改与 点评		比较习作修改讲评、调查习作修改讲评、毕业论文点评		论文修改及发表

在语言点的切分上，将引言和摘要作为教学重点，因为在教学实践过程中，我们发现学生引言部分和摘要部分是问题最为突出的地方。引言部分又切分为释题、现状综述、研究设计和整体四部分内容，分别对开头段落、综述、研究计划和整体篇章包括开题报告写作进行训练。而摘要安排了两课的时长，以引导学生掌握摘要的文体特征，避免将摘要写成引言、单纯的工作介绍以及其他形式。

除此之外，论述也是一个教学重点，安排了比较论述、围绕中心写作、分类论述、论述中的逻辑四个板块，重点提高学生的逻辑思维能力以及论证能力。

7.2.3 《高级汉语写作：论文写作》的适用情况

该教材出版之前，即以自编讲义的形式在编者所负责的面向大三汉语言专业、汉语言文学专业留学生开设的"文献阅读与写作Ⅲ"课及为一年级硕士、博士留学生开设的外语课"汉语写作"中使用，因此该教材在编者个人的教学实践中已经使用近 10 年。在教学实践中，该讲义的内容不断修改完善，但是在出版后仍然发现有需要继续改进完善的地方。

首先是教学任务过重、教学目标过高。教材以人文社科领域常用的比较法和调查法为目标，一个学期进行两次小论文写作，而平时教学过程中还进行其他写作练习，任务过重。因此在教学实践中，我们进行了调整：以综述写作和论文写作为教学目标，通过一篇完整的论文写作进行科研的实践。这将在下一步教材修订时进行调整。

其次是论文规范内容需要淡化。论文写作格式、写作规范均为规则性的内容，在教学实践中发现这部分内容过于枯燥、单调，会极大地影响教学的趣味性。以参考文献为例，文献信息的选择、标点、类别标注、字体、缩进等内容、要求均非常繁杂、琐碎，在教学中会占用太多时间，且虽然有国家标准，但是不同的刊物、不同的学校要求均不一致；同时，在知网等网站上均有文献引用可以复制使用，因此我们认为类似参考文献部分的内容可以以附录等形式出现，除了一些基本规则、方法的指导，大部分可以交由学生自己处理。

最后是教学内容仍需进一步压缩。在课堂教学中，需要更多的时间互动交流，而一个学期除期末考试之外教学时间一般为 15～16 周，这样教材 14 课的内容过多，不能留出充分的时间进行互动和写作练习。因此，我们认为可以将教学内容控制在 12 课左右，留出更多的时间给教师自主支配。另外，对于练习的题量而言，教材所配置的练习教师在课堂使用的时候是有选择的自由的，所以教材目前的题量是比较合适的。

参考文献

[1] 宾婕. 教材编写理念视角下的对外汉语写作教材比较研究 [D]. 广州：广东外语外贸大学，2013.

[2] 蔡基刚. 试论影响我国大学英语教材健康发展的外部因素 [J]. 中国大学教学，2006（6）.

[3] 蔡基刚. 转型时期的大学英语教材编写理念问题研究 [J]. 外语研究，2011a（5）.

[4] 蔡基刚. 传统大学英语教材编写理念的一次新突破 [J]. 外语电化教学，2011b（5）.

[5] 蔡基刚. "学术英语" 课程需求分析和教学方法研究 [J]. 外语教学理论与实践，2012（2）.

[6] 蔡基刚. 学业用途英语、学术用途英语及优质外语教育 [J]. 外语电化教学，2014（3）.

[7] 蔡基刚. 再论我国大学英语教学发展方向：通用英语和学术英语 [J]. 浙江大学学报（人文社会科学版），2015，45（4）.

[8] 蔡基刚. 通用学术英语写作教程 [M]. 上海：复旦大学出版社，2015.

[9] 蔡基刚，廖雷朝. 学术英语还是专业英语：我国大学 ESP 教学重新定位思考 [J]. 外语教学，2010，31（6）.

[10] 蔡明宏. 基于国别视角之来华留学生学位论文实证分析 [J]. 云南师范大学学报（对外汉语教学与研究版），2016，14（3）.

[11] 岑玉珍. 留学生本科论文指导的几个问题 [C] //中国人民大学对外语言文化学院. 汉语研究与应用：第 1 辑. 北京：中国社会科学出版社，2003.

[12] 陈千云. 面向对外汉语教学的汉英逻辑连接词对比分析 [J]. 安康学院学报，2016，28（4）.

[13] 陈晟. 论对外汉语教学写作教材编写与使用模式 [D]. 福州：福建师范大学，2008.

[14] 陈淑梅. 汉语言本科专业留学生论文写作指导课课程设置浅议 [J]. 海外华文教育，2012（1）.

[15] 成艳艳. 留学生汉语写作口语化倾向问题研究 [D]. 长春: 吉林大学, 2017.

[16] 崔金明. 体裁教学法理论在对外汉语写作教学实践中的运用 [J]. 西安建筑科技大学学报 (社会科学版), 2013, 32 (1).

[17] 崔贤美. 针对韩国留学生的汉语写作教学研究 [D]. 北京: 北京语言大学, 2009.

[18] 邓淑兰. 如何在留学生毕业论文写作教学中培养图式意识 [J]. 海外华文教育, 2017 (11).

[19] 杜厚文. 关于外国留学生科技汉语教学体制和教材问题 [J]. 语言教学与研究, 1986 (4).

[20] 杜兴梅. 学术论文写作 ABC [M]. 广州: 广东高等教育出版社, 2006.

[21] 丁研, 蒋学清. 高校通用学术英语教材的出版与开发 [J]. 科技与出版, 2015 (12).

[22] 房家毅, 赵梅赏, 杜瑾. 趋同教育的原则与现实意义 [J]. 外国留学生工作研究, 2010 (3).

[23] 冯晟. 写作教学法在对外汉语写作课中的具体应用 [J]. 新西部 (下半月), 2009 (11).

[24] 冯胜利. 书面语语法及教学的相对独立性 [J]. 语言教学与研究, 2003 (2).

[25] 付丽. 留学生毕业论文写作教学策略探索 [J]. 黑龙江教育 (高教研究与评估), 2011, (5).

[26] 高增霞. 留学生研究生汉语学术论文写作需求及能力调查 [J]. 云南师范大学学报 (对外汉语教学与研究版), 2020 (6).

[27] 高增霞, 栗硕. 学术汉语写作教材建设刍议 [J]. 云南师范大学学报 (对外汉语教学与研究版), 2018 (6).

[28] 高增霞, 刘福英. 论学术汉语在对外汉语教学中的重要性 [J]. 云南师范大学学报 (对外汉语教学与研究版), 2016, 14 (2).

[29] 笪立. 高校专门用途英语 (ESP) 教材编写的 "四观" [J]. 出版广角, 2015 (13).

[30] 谷祖莎. 留学生本科毕业论文存在的问题及对策 [J]. 教育教学论坛, 2014 (2).

[31] 郭伏良, 王丽霞, 涂佳楠. 关于我省开展来华留学预科教育的思考 [J]. 外国留学生工作研究, 2014 (4).

[32] 郭涵宁. 留学生本科毕业论文写作课教学模式探讨 [J]. 国际汉语教学研究, 2016 (5).

[33] 郭强. 论非英语专业博士生英语学术写作能力的培养 [J]. 学位与研究生教育, 2006 (1).

[34] 郭荣. 全英文授课留学生管理模式初探: 以西安电子科技大学为例 [J]. 外国留学生工作研究, 2014 (4).

[35] 国家对外汉语教学领导小组办公室. 高等学校外国留学生汉语言专业教学大纲 [M]. 北京: 北京语言文化大学出版社, 2002.

[36] 韩燕. 对外汉语写作教材练习设计的考察与思考: 以四部中级对外汉语写作教材为例 [D]. 南宁: 广西民族大学, 2015.

[37] 胡定荣. 教材分析: 要素、关系和组织原理 [J]. 课程·教材·教法, 2013, 33 (2).

[38] 胡蓉. 学术论文关键词探析 [J]. 四川职业技术学院学报, 2004 (3).

[39] 汲传波. 韩国学生汉语学术论文中文言结构使用初探 [J]. 汉语学习, 2016 (6).

[40] 江韵. 美国留学生习作中的汉语元话语标记调查研究 [D]. 南京: 南京大学, 2017.

[41] 金兰. 北大汉语中心韩国硕士生论文述评 [J]. 汉语学习, 2002 (1).

[42] 金宁. 论汉语言专业留学生毕业论文的写作与指导 [J]. 河南教育学院学报 (哲学社会科学版), 1998 (4).

[43] 鞠玉梅. 国外 EAP 教学与研究概览 [J]. 外语教学, 2006 (2).

[44] 孔凡娣. 留学生本科毕业论文统计与分析: 以中国人民大学文学院为例 [D]. 北京: 中国人民大学, 2015.

[45] 冷云飞. 对外汉语写作教材编写体例研究: 基于对 20 世纪 80 年代以来通行对外汉语写作教材的分析 [D]. 长春: 长春理工大学, 2017.

[46] 李冰. 跨文化背景下汉语言本科留学生毕业论文特点研究 [C] //海南省翻译协会. 第十届中国跨文化交际国际学术研讨会论文集, 2013.

[47] 李海燕, 张文贤, 辛平. 本科留学生学术汉语写作课需求调查与课程建设: 以北京大学本科留学生学术汉语写作通选课为例 [J]. 国际汉语教育 (中英文), 2020, 5 (1).

[48] 李玲玉. 泰国经贸汉语专业留学生本科毕业论文语言特征的研究 [J]. 海外华文教育, 2017 (10).

[49] 李泉. 近二十年对外汉语教材编写和研究的基本情况述评 [J]. 语言文字应用, 2002 (3).

[50] 李泉. 第二语言教材编写的基本程序 [J]. 海外华文教育，2004（2）.

[51] 李泉. 第二语言教材编写的通用原则 [C] //教育部语言文字应用研究所. 第三届全国语言文字应用学术研讨会论文集. 香港：香港科技联合出版社，2004.

[52] 李泉. 对外汉语教学理论思考 [M]. 北京：教育科学出版社，2005.

[53] 李泉. 论专门用途汉语教学 [J]. 语言文字应用，2011（3）.

[54] 李泉，段红梅. 来华留学生汉语言本科专业建设问题探讨论 [J]. 云南师范大学学报（对外汉语教学与研究版），2010（3）.

[55] 李泉，吕纬青. 论专门用途汉语教材编写 [C] //徐为民，何文潮. 国际汉语教材的理念与教学实践研究：第十届国际汉语教学学术研讨会论文集. 杭州：浙江大学出版社，2012.

[56] 李杨. 中高级对外汉语教学论 [M]. 北京：北京大学出版社，1993.

[57] 李艳. 英美留学生 HSK 高级写作中书面语体偏误分析 [D]. 西安：陕西师范大学，2012.

[58] 李亿民. 视听说对外汉语教材编制初探：《国际商务汉语》的总体构想与编制原则 [J]. 汉语学习，1999（1）.

[59] 李玉，杨晓梅.《学术英语写作基础教程》评介 [J]. 湖北经济学院学报（人文社会科学版），2011，8（7）.

[60] 栗硕. 学术英语写作教材对编写学术汉语写作教材的启示 [D]. 北京：中国人民大学，2018.

[61] 廉爱宁. 基于修辞结构理论的留学生汉语议论文篇章结构研究 [D]. 长春：东北师范大学，2011.

[62] 廖秋忠. 廖秋忠文集 [M]. 北京：北京语言学院出版社，1992.

[63] 林聚任，刘玉安. 社会科学研究方法 [M]. 济南：山东人民出版社，2004.

[64] 林桂军. 论文规范指导与研究方法 [M]. 北京：对外经济贸易大学出版社，2004.

[65] 刘朝彦. 英汉论说文体段落组织的差异性分析 [J]. 浙江教育学院学报，2006（6）.

[66] 刘福英. 对于留学生学术汉语的需求调查分析：以北京地区部分高校为例 [D]. 北京：中国人民大学，2015.

［67］刘乐宁 . 文体、风格与语篇连接 ［M］//冯胜利，胡文泽 . 对外汉语书面语教学与研究的最新发展 . 北京：北京语言大学出版社，2005.

［68］刘猛，姜有顺 . 西部高校来华留学生趋同管理模式改革研究：以西南大学为个案 ［J］. 外国留学生工作研究，2014（4）.

［69］刘斯婧 . 汉语国际教育外国专业硕士学术写作课设计研究 ［D］. 济南：山东大学，2020.

［70］刘婷 . 汉语国际教育专业留学生硕士学位论文文献综述研究 ［D］. 上海：华东师范大学，2018.

［71］刘珣 . 对外汉语教育学引论 ［M］. 北京：北京语言大学出版社，2000.

［72］刘月华 . 关于叙述体的篇章教学 ［J］. 世界汉语教学，1998（1）.

［73］鲁健骥 . 偏误分析与对外汉语教学 ［J］. 语言文字应用，1992（1）.

［74］鲁洲 . 来华留学生专业学习的现状与问题 ［J］. 外国留学生工作研究，2014（3）.

［75］罗青松 . 谈对外汉语教学写作教材的编写 ［J］. 海外华文教育，2001（4）.

［76］罗青松 . 汉语言专业留学生毕业论文指导初探：谈对外汉语学历教育高级阶段写作教学的原则与方法 ［C］//《第七届国际汉语教学讨论会论文选》编辑委员会 . 第七届国际汉语教学讨论会论文选 . 北京：北京大学出版社，2004.

［77］罗青松 . 对外汉语写作教学研究述评 ［J］. 语言教学与研究，2011（3）.

［78］龙炳文 . 以需求分析理论为依据的 ESP 教材编写实践 ［J］. 考试与评价（大学英语教研版），2017（1）.

［79］吕必松 . 对外汉语教学概论 ［M］. 北京：北京大学出版社，2005.

［80］吕长竑，等 . 美国高校学术写作课程体系调查研究 ［J］. 外语界，2016（4）.

［81］吕军 . 留学生语言类学士论文选题问题研究 ［C］//北方外国语大学中国语言文学学院 . 人文丛刊：第二辑 . 北京：学苑出版社，2007.

［82］吕军 . 留学生毕业论文写作指导课分步骤教学的原则：以语言专业方向的写作训练为例 ［C］//北方外国语大学中国语言文学学院 . 人文丛刊：第四辑 . 北京：学苑出版社，2009.

[83] 吕茵茵. 论鹰架教学法在对外汉语议论文教学中的有效应用 [D]. 新乡：河南师范大学，2014.

[84] 潘光友，李娅芳，许易琦. 学术论文关键词的概念辨析和选词应注意问题 [J]. 云南大学学报（自然科学版），2011，33（S2）.

[85] 彭桃英. 学术论文参考文献的隐性错误分析 [J]. 中国科技期刊研究，2010，21（3）.

[86] 蒲雅洁. 关于学术论文题目中基本成分的探讨 [J]. 大众文艺，2010（17）.

[87] 彭小川. 关于对外汉语语篇教学的新思考 [J]. 汉语学习，2004（2）.

[88] 齐彬. 英语学术论文写作能力的构成与培养 [J]. 未来与发展，2014（4）.

[89] 亓华. 留学生毕业论文的写作特点与规范化指导 [J]. 云南师范大学学报（对外汉语教学与研究版），2006（1）.

[90] 仇鑫奕. 汉语言专业留学生学士学位论文分析报告 [C] // 蔡昌卓. 多维视野下的对外汉语教学研究：第七届国际汉语教学学术研讨会论文集. 桂林：广西师范大学出版社，2009.

[91] 单韵鸣. 专门用途汉语教材的编写问题：以《科技汉语阅读教程》系列教材为例 [J]. 暨南大学华文学院学报，2008（2）.

[92] 单韵鸣，安然. 专门用途汉语课程设置探析：以《科技汉语》课程为例 [J]. 西南民族大学学报（人文社科版），2009，30（8）.

[93] 邵永强. 学术论文中的关键词及其选取方法 [J]. 现代情报，2003（11）.

[94] 沈传海. 研究学术英语写作能力培养：基于写作错误实例分析 [J]. 海外英语，2016（20）.

[95] 施家炜. 外国留学生22类现代汉语句式的习得顺序研究 [J]. 世界汉语教学，1998（4）.

[96] 石琳. 留学生汉语学术写作教学研究 [D]. 北京：中国人民大学，2015.

[97] 束定芳，安琳. 近年来海外学术英语导向类教材的特点与发展趋势 [J]. 外语教学理论与实践，2014（4）.

[98] 宋璟瑶. 汉语议论文篇章习得研究 [J]. 华文教学与研究，2015（3）.

[99] 宋乐乐. 基于需求分析的学术汉语教材研究：以《高级汉语教程》为例 [D]. 北京：北京外国语大学，2019.

［100］孙元魁，孟庆忠．议论文研究与鉴赏［M］．济南：山东教育出版社，1992．

［101］涛亚．对外汉语语段教学的重点：衔接［J］．首都师范大学学报（社会科学版），2000（S3）．

［102］谭思敏．对外汉语写作教材体例及相关编排比较研究：基于两套中级写作教材的对比分析［D］．广州：中山大学，2010．

［103］唐瑗彬．对外汉语高级写作教材的对比研究［D］．桂林：广西师范大学，2013．

［104］唐建朝，李栋．芬兰基础教育课改什么样儿［J］．教育家，2016（19）．

［105］田然．留学生限定话题语篇中词汇衔接状况考察［J］．云南师范大学学报（对外汉语教学与研究版），2006（1）．

［106］王群英．关于毕业论文题目中的问题［J］．写作，2006（5）．

［107］王晓澎，方玲．留学生毕业论文选题的统计与分析［J］．世界汉语教学，1994（4）．

［108］王笑然，王佶旻．经贸类本科专业学术汉语词表研究［J］．语言教学与研究，2022（4）．

［109］王颖，李振阳．语言学硕士毕业论文导师电子反馈的个案研究［J］．现代教育技术，2013，23（2）．

［110］吴佳，吴中伟．2004—2014年对外汉语教材出版情况述评［J］．云南师范大学学报（对外汉语教学与研究版），2016，14（2）．

［111］吴双．论过程体裁写作理论在对外汉语教学中的应用［J］．现代语文（教学研究版），2008（3）．

［112］吴勇毅．国际中文教育"十四五"展望［J］．国际汉语教学与研究，2020（4）．

［113］武柏索．古今中国面面观：北京语言学院来华留学生毕业论文选［M］．北京：北京语言学院出版社，1993．

［114］辛枳庆．中国学术英语发展10年述评［J］．解放军外国语学院学报，2019（3）．

［115］熊淑慧，邹为诚．什么是学术英语？如何教？——一项英语专业本科生"学术英语"的课堂试验研究［J］．中国外语，2012（2）．

[116] 徐丹 . 来华留学生汉语言本科专业课程体系建设研究：以大连理工大学为例 [J]. 外国留学生工作研究，2014 (2).

[117] 许秦竹 . 高级水平日本留学生议论文语篇衔接偏误分析 [D]. 南京：南京大学，2014.

[118] 宣璐 . 威妥玛之《语言自迩集》与对外汉语教材编写原则探讨 [D]. 杭州：浙江大学，2013.

[119] 央青 . 汉语国际传播学术论文写作规范与案例分析 [M]. 北京：中央民族大学出版社，2013.

[120] 杨凝卓 . 汉语国际教育硕士留学生学位论文现状研究 [D]. 济南：山东师范大学，2016.

[121] 杨新亮，王亚可 . 英汉学术语篇比较研究 [M]. 北京：科学出版社，2016.

[122] 幺书君 . 韩国留学生汉语学历教育高年级写作课教学探索 [J]. 海外华文教育，2005 (3).

[123] 于强福，尚华 . 国内学术英语写作教材出版现状研究 [J]. 教育评论，2016 (2).

[124] 臧文强 . 汉语国际教育教材编写"立体化原则"的理论内涵 [J]. 现代语文（语言研究版），2017 (33).

[125] 张博 . 学术汉语词汇的主要特点及教学策略 [J]. 世界汉语教学，2022，36 (4).

[126] 张赪，李加鍪，申盛夏 . 学术汉语的词汇使用特征研究 [J]. 语言教学与研究，2020 (6).

[127] 张德禄，刘汝山 . 语篇连贯与衔接理论的发展及应用 [M]. 上海：上海外语教育出版社，2003.

[128] 张桂宾 . 注重基础汉语，融合专业汉语，提升留学生汉语水平 [J]. 外国留学生工作研究，2014 (4).

[129] 张洁 . 来华留学生本科入学中文水平标准的探索 [J]. 国际汉语教学研究，2021 (3).

[130] 张黎 . 现代专门用途汉语教学的形成 [J]. 国际汉语教育，2013 (2).

[131] 张明辉，赵黎明 . 谈对外汉语专业本科毕业论文的撰写 [J]. 邯郸学院学报，2011，21 (1).

[132] 张珊．中央民族大学汉语国际教育硕士外国留学生论文摘要问题研究 [D]．北京：中央民族大学，2015.

[133] 张希颖，梁慧慧．来华留学生毕业论文中存在的问题及对策建议 [J]．当代教育实践与教学研究，2018（16）.

[134] 张莹．近30年科技汉语教材编写情况的回顾与思考 [J]．出版发行研究，2014（11）.

[135] 张迎宝．汉语中介语篇宏观信息结构对比研究 [D]．杭州：浙江大学，2012.

[136] 赵金铭．论对外汉语教材评估 [J]．语言教学与研究，1998（3）.

[137] 赵雪梅．立体化对外汉语教材的一体化设计与开发 [C] //张普，徐娟，甘瑞瑗．数字化汉语教学进展与深化．北京：清华大学出版社，2008.

[138] 周海艳．主位推进模式在对外汉语议论文阅读中的应用 [J]．潍坊教育学院学报，2011，24（2）.

[139] 周均平．高等教育汉语言文学专业毕业论文的撰写与答辩 [M]．2版．北京：高等教育出版社，2005.

[140] 周莉华．学术论文标题常见问题及其优化 [J]．科技与出版，2012（12）.

[141] 周泉，张旭．面向ICT专业留学生的学术汉语教育教学模式探索与研究 [J]．课程教育研究，2016（35）.

[142] 周遂．图式理论与二语写作 [J]．外语与外语教学，2005（2）.

[143] 周小兵，李海鸥．对外汉语教学入门 [M]．广州：中山大学出版社，2004.

[144] 周珍洁．留学生学术汉语课程需求调查与分析 [D]．昆明：云南师范大学，2020.

[145] 朱立婷．对留学生毕业论文的分析与反思：以汉语国际教育专业尼泊尔为基础 [J]．汉字文化，2019（5）.

[146] 朱苏静．浅谈教育国际化进程中本科留学生"趋同管理"培养模式改革 [C] //中国高教学会外国留学生教育管理分会．外国留学生工作研究2015．北京：北京语言大学出版社，2015.

[147] 主贵芝．留学生本科毕业论文中的语体特征和语体意识研究：以复旦大学留学生毕业论文为例 [D]．上海：复旦大学，2014.

［148］ ACKERMANN K, CHEN Y H. Developing the academic collocation list （ACL）：a corpus-driven and expert-judged approach ［J］. Journal of English for academic purposes, 2013, 12 （4）.

［149］ BHATIAV K. Analysing genre：language use in professional settings routledge ［M］. London：Longman, 1993.

［150］ BUNTON D. The structure of PhD conclusion chapters ［J］. Journal of English for academic purposes, 2005, 4 （3）.

［151］ WIDODO H P. Textbook analysis on college academic writing ［J］. TEFLIN journal, 2015 （10）.

［152］ HU G, WANG G. Disciplinary and ethnolinguistic influences on citation in research articles ［J］. Journal of English for academic purposes, 2014, 14 （1）.

［153］ HUTCHINSONT T, WATERS A. English for specific purpose ［M］. Cambridge：Cambridge University Press, 1987.

［154］ KEN H. Disciplinary discourses：social interactions in academic writing ［M］. Harlow：Pearson Education Limited, 2000.

［155］ HYLAND K, HAMP-LYONS L. EAP：issues and directions ［J］. Journal of English for academic purposes, 2002, 1 （1）.

［156］ JORDAN R R. English for academic purposes ［M］. Cambridge：Cambridge University Press, 1997.

［157］ MARTÍNEZ I A, BECK S C, PANZA C B. Academic vocabulary in agriculture research articles：a corpus-based study ［J］. English for specific purposes, 2009, 28 （3）.

［158］ MONIPALLY M M, PAWAR B S. Academic writing：a guide for management students and researchers ［M］. New Delhi：SAGE Publication, 2010.

［159］ PALTRIDGE B, STARFIELD S. The handbook of English for special purpose ［M］. West Sussex：Wiley-Blackwell, 2013.

［160］ PETRIC B. Legitimate textual borrowing：direct quotation in L2 student writing ［J］. Journal of second language writing, 2012, 21 （2）.

［161］ PLAKANS L, GEBRIL A. A close investigation into source use in integrated second language writing tasks ［J］. Assessing writing, 2011（1）.

［162］ RAFFAELLA N R, KUTEEVA M. Fostering metacognitive genre awareness in L2 academic reading and writing: a case study of pre-service English teachers ［J］. Journal of second language writing, 2011（2）.

［163］ REDMAN P, MAPLES W. Good essay writing: a social sciences guide ［M］. London: SAGE Publication, 2011.

［164］ RICHARDS J C, RENANDYA W A. Methodology in language teaching: an arthology of current practice ［M］. London: Cambridge University Press, 2002.

［165］ SALIU B, HAJRULLAI H. Best practices in the English for specific purpose classes at the language center ［J］. Procedia-social and behavioral sciences, 2016（10）.

［166］ SWALES J M. Genre analysis: English in academis and research setting ［M］. Shanghai: Shanghai Foreign Language Education Press, 2001.

［167］ VALIPOURI L, NASSAJI H. A corpus-based study of academic vocabulary in chemistry research articles ［J］. Journal of English for academic purposes, 2013, 12（4）.

后 记

这本书是我们学术汉语写作研究小组的一个阶段性总结。

我自 2006 年开始承担中国人民大学"文献阅读与写作"课程的教学任务。"文献阅读与写作"课程包括三个阶段，分别在大二两个学期和大三上学期开设，是为汉语言专业和汉语言文学专业留学生本科毕业论文写作服务的。在系统讲授这门课程以及指导学生毕业论文写作的过程中，我对留学生本科论文写作情况有了比较系统的理解。从 2016 年开始，我又开始承担一年级硕士、博士留学生的"汉语写作"课程的教学任务。我认为该课程也应该是为留学生研究生的学术论文写作服务，是本科阶段的论文写作训练的延伸。在这两门课程的基础上，我编写了《高级汉语写作：论文写作》教材，于 2019 年由暨南大学出版社出版。

结合教学实践，我认为学术汉语教学是当前急需引起关注的研究领域，因此于 2013 年起我与所指导的研究生同学成立了"学术汉语写作研究小组"。最初一届是刘福英和孔凡娣同学，进行了初步的需求调查和本科论文情况调查，之后每年都有同学加入，我们的研究领域也逐渐扩大，现在的研究方向主要是学术汉语写作教材研究和学术语篇研究。

这本书是前期我们对学术汉语写作教材研究的一个总结，分工如下：第 1 章，高增霞、刘福英；第 2 章，2.1 节为刘福英，2.2 节为高增霞；第 3 章，孔凡娣；第 4 章，游倩倩；第 5 章，栗硕；第 6 章，吴昊；第 7 章，高增霞；由高增霞统稿。

以上内容跨越 2015—2020 年，最初的成果于现在看来使用的数据等已显陈旧，当前的一些最新成果也没有放进去，但是作为阶段性成果，我认为有必要保持原状，一方面是我们小组研究发展的见证，一方面也可以体现学术汉语教学发展的历史。

本书在编写出版过程中，中国人民大学、暨南大学出版社，以及姚晓莉女士给予了大力支持，衷心感谢！

高增霞

2023 年 2 月 9 日